「中華民国」初代総統

蔣介石の霊言

日本とアジアの平和を守る国家戦略

Ryuho Okawa
大川隆法

まえがき

『中華民国』初代総統、蔣介石《しょうかいせき》の霊言である。最近出した『毛沢東《もうたくとう》の霊言』とぜひ対比して読んで頂きたい本である。

習近平《しゅうきんぺい》・中国から見れば、自由・台湾の存在は、のど元《もと》にささったトゲのようなものだろう。一方、台湾から見れば、香港での雨傘《あまがさ》革命弾圧や、ウイグルの強制収容所の存在や迫害、本土でのキリスト教徒弾圧、フィリピン、ベトナム近海での海上基地、沖縄での反米、反東京運動などは、台湾への包囲せん滅戦の序曲にしか見えまい。

国土と人口の大小だけで正邪が決まるわけではあるまい。無神論と唯物論《ゆいぶつろん》を土台にした国家が正しいのか。その覇権主義《はけんしゅぎ》は正しいのか。未来を百八十度回転させて、台湾や香港にもある「自由・民主・信仰」の価値観で中国十四億の民を救えないのか。

本書はこうした新思考の材料ともなるだろう。

二〇一九年　二月十六日

幸福《こうふく》の科学《かがく》グループ創始者兼総裁《そうししゃけんそうさい》　大川隆法《おおかわりゅうほう》

「中華民国」初代総統 蔣介石の霊言　目次

「中華《ちゅうか》民国」初代総統 蔣介石《しょうかいせき》の霊言《れいげん》
――日本とアジアの平和を守る国家戦略――

二〇一九年二月七日　収録
幸福の科学 特別説法堂《せっぽうどう》にて

6 日米中の動きに揺《ゆ》れる台湾の今後

「霊言現象《れいげん》」とは、あの世の霊存在の言葉を語り下ろす現象のことをいう。これは高度な悟《さと》りを開いた者に特有のものであり、「霊媒現象《れいばい》」（トランス状態になって意識を失い、霊が一方的にしゃべる現象）とは異なる。外国人霊の霊言の場合には、霊言現象を行う者の言語中枢《ちゅうすう》から、必要な言葉を選び出し、日本語で語ることも可能である。

なお、「霊言」は、あくまでも霊人《れいじん》の意見であり、幸福の科学グループとしての見解と矛盾《むじゅん》する内容を含《ふく》む場合がある点、付記しておきたい。

「中華《ちゅうか》民国」初代総統　蔣介石《しょうかいせき》の霊言《れいげん》

―日本とアジアの平和を守る国家戦略―

二〇一九年二月七日　収録

幸福の科学　特別説法堂《せっぽうどう》にて

蔣介石《しょうかいせき》（一八八七〜一九七五）

中華《ちゅうか》民国の軍人、政治家。初代総統。日本に留学中、孫文《そんぶん》らの中国同盟会に入り、辛亥《しんがい》革命に際しては帰国して参加。孫文の死後、国民革命軍総司令となり、北伐《ほくばつ》を経《へ》て、一九二八年、南京《ナンキン》で国民政府主席となる。次第《しだい》に反共政策を強化するも、西安《せいあん》事件で捕《と》らえられ、国共合作《がっさく》に同意して抗日《こうにち》戦を遂行《すいこう》。戦後は中国共産党との内戦に破れ、一九四九年、台湾《たいわん》に退《しりぞ》いた。

質問者　※質問順

綾織次郎《あやおりじろう》（幸福の科学常務理事 兼《けん》 総合誌編集局長
兼「ザ・リバティ」編集長 兼 ＨＳＵ講師）

及川幸久《おいかわゆきひさ》（幸福実現党外務局長）

釈量子《しゃくりょうこ》（幸福実現党党首）

［役職は収録時点のもの］

1　中国建国の善悪を探《さぐ》る調査を続ける

蔣介石《しょうかいせき》を調べないと、根本的なところの善悪が分からない

大川隆法　（二〇一九年）二月十一日の建国記念の日に「『毛沢東《もうたくとう》の霊言《れいげん》』講義」を名古屋正心館《なごやしょうしんかん》で行うので、「少し中国関連の準備をしなくてはいけないのではないか」と思っています。

有名な方の霊言はかなり出したつもりではいたのですが、蔣介石《しょうかいせき》の霊言が出ていないので、急遽《きゅうきょ》、「これは要《い》るのではないか」という考えになりました。というのも、「蔣介石のところをどう見るか」を決めないと、あとのところを、全部、どう見るべきか分からないところがあるからです。

『毛沢東の霊言』（幸福の科学出版刊）

今の●習近平《しゅうきんぺい》国家主席や毛沢東については意見を述べています。また、●鄧小平《とうしょうへい》も周恩来《しゅうおんらい》も調べましたし、孫文《そんぶん》も調べました。それから、台湾《たいわん》の李登輝《りとうき》さんも調べています。

しかし、蔣介石について調べないと、根本的なところの善悪が分からないですし、毛沢東のことも分からないのではないかと思います。

今の日本の若い人たちに、「蔣介石」という名前がどの程度通じるか、私には分かりません。もしかしたら、半分も通じなくて、「誰《だれ》ですか」と言う人のほうが多い可能性もあります。

近現代史、特にアジアあたりのそれについては、日本にとっても非常に都合《つごう》が悪く、言いにくいところもありますし、複雑で、「善悪の判断」がとても難しい問題でもあります。

「戦後史観」は戦勝国がつくった史観なのですが、戦勝国の史観そのものもまた〝内部分裂《ぶんれつ》〟をしています。自由主義圏《けん》と共産主義圏が、戦後、「冷戦」を始め、い

●習近平国家主席や毛沢東について……　『世界皇帝をめざす男―習近平の本心に迫る―』『中国と習近平に未来はあるか』（共に幸福実現党刊）、『守護霊インタビュー　習近平 世界支配へのシナリオ』『習近平守護霊　ウイグル弾圧を語る』『マルクス・毛沢東のスピリチュアル・メッセージ』（いずれも幸福の科学出版刊）参照。

ろいろと戦っていますし、それは今も続いているので、戦勝国自体が割れているような状況《じょうきょう》です。そのため、「先の大戦は正義の戦いだったのか、そうではなかったのか」ということについても、確定できるほどではないように思っています。

今日（二〇一九年二月七日）、トライしてみる蔣介石とは、不思議なことに私はまだ（霊的に）話をしたことがありません。

蔣介石は一八八七年に生まれて、一九七五年に八十七歳《さい》で亡《な》くなっています。毛沢東は一九七六年に亡くなっているので、一年違《ちが》いです。

これは、ちょうど私が学生のころです。毛沢東が死んだときのことは、はっきり覚えていますが、蔣介石が死んだときのことは、それほどはっきりとは覚えていないので、「取り扱《あつか》いが小さかったのかな」と思います。毛沢東ほど大々的な報道ではなかったような気がするのです。ただ、記憶《きおく》が十分ではないのかもしれず、新聞によっては大きく扱っていたところもあったのかもしれません。

●鄧小平も周恩来も……　『アダム・スミス霊言による「新・国富論」―同時収録　鄧小平の霊言　改革開放の真実―』『周恩来の予言』『孫文のスピリチュアル・メッセージ』『日本よ、国家たれ！　元台湾総統 李登輝守護霊 魂《たましい》のメッセージ』（いずれも幸福の科学出版刊）参照。

孫文《そんぶん》の後継者《こうけいしゃ》・蔣介石には弱いところがあった

大川隆法　蔣介石は中国の浙江省《せっこうしょう》生まれですが、日本にも留学しており、日本語の勉強をしたり、日本の陸軍士官学校の予備学校（東京振武《しんぶ》学校）を卒業したりしているので、日本についても、基礎《きそ》的な知識というか、考え方はかなり入っていると思います。

なお、李登輝さんも同じように、日本に来て京大の農学部に入り、農業経済学を勉強したあと、（日本）帝国陸軍の少尉《しょうい》として名古屋で終戦を迎《むか》えておられます。

蔣介石は、こういう、日本の考え方が少し入っている人で、本心のところは極《きわ》めて分かりにくい部分があります。

彼は、中国の革命に身を投じて孫文《そんぶん》と知り合い、

●孫文（1866 ～ 1925）　中国の革命家・思想家。日本などに亡命しながら清朝打倒を指導し、1911 年に辛亥革命が起こると、中華民国の初代臨時大総統となる。民族主義・民権主義・民生主義からなる「三民主義」を唱え、死の直前まで革命運動を続けた。『孫文のスピリチュアル・メッセージ』（前掲）参照。

孫文の後継者《こうけいしゃ》になった人です。一九一一年の「辛亥革命《しんがい》」に参加し、一九一二年には中華《ちゅうか》民国が成立するのですが、一九一三年の「第二革命」に参加して失敗し、孫文らと共に日本に亡命してきています。孫文も蔣介石も、いったん日本に逃《に》げてきているのです。そういう意味では、日本も中国の革命の後押《あとお》しをやっていたわけです。

そのあと、蔣介石はまた中国に帰って、孫文の死後、（中国国民党の）指導者になりました。

最初は中国共産党と仲が悪かったので、国共の合同では抗日《こうにち》戦をやらずに断《ことわ》っていたようですが、日本軍が中国全土をかなり侵食《しんしょく》していったので、「国共合作《がっさく》」（中国の国民党と共産党の協力関係）をすることになったようです。

今は巨大《きょだい》になっている中国共産党ですが、一九二一年にできたころには本当に小さな小さな政治団体であり、幸福実現党のようなものだったのです。それが二十八年後には「国を建てている」ので、先は分からないものです。よその話ですが、希

●辛亥革命　1911年（辛亥《かのとい》の年）に中国で起きた革命。孫文の三民主義を指導理念とした。専制政体の清朝を打倒し、中国史上初の共和国である中華民国を成立させた。

望的に考えておきたいと思います。

中国共産党は最初は取るに足らない存在だったのに、内戦などをやっているうちに、だんだん大きくなっていったようです。

孫文の死後、「蔣介石の時代」が来るのですが、彼は若干《じゃっかん》弱いところのある人のような気がします。国を率《ひき》いてはいたのですが、力がなくて投げ出すようなところがあったのではないかと思います。

財閥令嬢《ざいばつれいじょう》・宋美齢《そうびれい》との再婚《さいこん》で、地位を固める

大川隆法　四十歳ぐらいのときかと思うのですが、蔣介石は、「宋《そう》家の三姉妹」の●宋美齢《そうびれい》と再婚《さいこん》して財閥《ざいばつ》と結びつきをつけ、地位を固めたりもしています。

宋美齢は、幼少時からアメリカで教育を受けていて、ヒラリー・クリントン氏が出ているウェルズリー大学を首席で卒業した才媛《さいえん》であったと思います。蔣介石は英語をそれほど話せたとは思えないのですが、宋美齢が彼の通訳を兼《か》ねていました。

●宋美齢（1898頃〜2003）　蔣介石夫人。9歳のときにアメリカに留学。その後、実業家の父親が孫文の支援者だった縁で蔣介石と知り合う。42年から、ルーズベルト大統領の招聘《しょうへい》でアメリカ全土を巡回し、日本から被害を受けているという一方的な主張を訴えて中華民国への援助を引き出し、アメリカの対日世論・政策に大きな影響を及ぼした。

また、彼女は英語で解説や講演をし、「日本を討《う》つべし」という感じのことをアメリカの各都市で話したので、それまでボーッとしていたアメリカの人々に、「日本もやっつけなくてはいけない」という気持ちが彷彿《ほうふつ》として湧《わ》き上がってきたらしいのです。

彼女は、アメリカの学校を卒業しているので当然ではあるのですが、「この時代に英語を話せた」というのは大きなことだったのだろうと思います。

三十歳ぐらいになっていた宋美齢に対して、蔣介石はストーカー的にというか、押し込《こ》み的にというか、「どうしても結婚してくれ」と言って頑張《がんば》り、結婚したようです。

彼女のお姉さんの宋慶齢《そうけいれい》は、孫文の奥《おく》さんになっていたのですが、孫文が亡くなったので、このお姉さんのほうにも蔣介石はアプローチをかけていたようです。ただ、お姉さんのほうは、さすがに、「これは純粋《じゅんすい》な愛ではなく、孫文の後を継《つ》ぐための政略結婚だ」ということが分かって断ったようですが、蔣介石は姉と同時に妹にもアプローチをかけ、〝両方を攻《せ》めて〟いたらしいのです。

妹である宋美齢は、当時、他の人と婚約していたのですが、蔣介石が彼女を奪《うば》い取った感じです。蔣介石には妻も愛人もいたのですが、そのあたりをキリスト教的に清算した上で、宋美齢と結婚しました。

宋美齢はクリスチャンで、蔣介石も、かたちだけか本当かは知りませんが、いちおうクリスチャンです。彼の場合、宋美齢と結婚するためにクリスチャンになったのではないかと思います。宋美齢と結婚することで、権力の基盤《きばん》にしたのでしょう。

この宋美齢の活動を見ると、「日本人には、陸奥宗光《むつむねみつ》以来、アメリカにおいて堂々と英語でものを言えるほどの人がいなかった。これも大きな弱点だったのではないか」と思います。

日本には、そのへんの弱さがあるようです。留学しても、学業を全《まっと》うできず、逃げ帰ってくる人ばかりです。例えば、山本五十六《やまもといそろく》はハーバード大学からすぐに逃げ出したようです。そのくらいの語学力では、説得もできなければ友人もできないレベルなので、語学力が足りなかったのではないかと思います。向こうに行って、首席で出てくるぐらいの力は欲《ほ》しかったところです。

2 運命に翻弄《ほんろう》される台湾《たいわん》、その原点へ

毛沢東《もうたくとう》の率《ひき》いる中国共産党に内戦で敗れ、台湾に逃《に》げ込《こ》む

大川隆法　その後、一九三一年に満州《まんしゅう》事変が起き、やがて中国全土での戦いになりましたが、蔣介石は一九三八年に国民党の総裁になっています。

蔣介石は日本の士官学校の予備学校でも勉強したのですが、結局、日本軍と戦う立場にもなりました。連合軍の中国戦区最高司令官にもなっていますし、（中国の陸海空軍の）大元帥《だいげんすい》にもなっています。

そして、日本が敗戦していくわけですが、このあたりから話が〝ややこしく〟なってきます。

蔣介石と毛沢東（1945 年、重慶《じゅうけい》会談にて）。

「敵の敵は味方」ということで、国共合作《がっさく》で共産党と組み、抗日《こうにち》戦をやっていたのですが、日本軍が総崩《そうくず》れになってきたら、仲間内で喧嘩《けんか》を始めるのは当然のことです。結局、第二次大戦後、武力革命を掲《かか》げる毛沢東《もうたくとう》の共産党軍に、蒋介石率《ひき》いる国民党軍は、あっさりとやられてしまいました。

もともと連合国側には、蒋介石が中華《ちゅうか》民国の総統として入っていたのですが、一九四九年に共産党に反撃《はんげき》されて敗れ、二百万人ぐらいを連れて台湾《たいわん》に逃《に》げ込《こ》んだわけです。ここから話がややこしくなり、「台湾問題」が難しくなるのです。

台湾は日本の植民地●でもあったわけですが、戦後の台湾では、台湾生まれで台湾育ちの人を「本省人《ほんしょうじん》」といい、中国本土から台湾に流れ込んできた人、逃げ込んできた人を「外省人《がいしょうじん》」といいます。当時は、日本国籍《こくせき》を持っている台湾人もたくさんいました。李登輝《りとうき》さんは日本軍の少尉《しょうい》をしていて、名古屋《なごや》で終戦を迎《むか》えているぐらいです。

連合国側は、いちおう、蒋介石の国民党政府に中国を任せるつもりでいたので、

●**日本の植民地**……　日清戦争後の1895年、下関《しものせき》条約によって、台湾は清から日本に割譲《かつじょう》され、第二次世界大戦に日本が敗戦した1945年までの間、日本の統治下にあった。

中国本土から逃げ、台湾になだれ込んできた外省人たちが台湾を支配するようになりました。そして、「台湾生まれの方々」や、「旧日本国籍を持っていた方々」が弾《だん》圧《あつ》をされたのです。これが台湾の「ねじれ」の始まりです。

台湾では「二・二八」がすごく有名な日らしいのですが、李登輝さんの自伝のDVDを観《み》ると、「李登輝がいたから、それを乗り越《こ》えられたのだ」というようなことが言われています。

蔣介石は、台湾に行ってから「反攻《はんこう》」を掲げました。要するに、「反撃して中国本土を取り返す」ということを最初は掲げていたのですが、それは実現しませんでした。彼は孫文《そんぶん》の考えを引いているので、民主主義も掲げていて、そういう考え方を持っていたのですが、やがて本土を取り返すことは諦《あきら》めていったように思います。

日本ではあまり知られていないのですが、蔣介石の息子《むすこ》で、蔣経国《しょうけいこく》という人がいます。こちらも中華民国総統などを長く務めた人です。

李登輝さんは、本省人、要するに台湾〝オリジン〟の方であり、日本国籍を持っ

●二・二八事件　1947年2月28日、台湾の台北《タイペイ》市で国民党政府による本省人への弾圧事件が発生し、その後、弾圧は台湾全土に広がった。

たこともある方ですが、蔣経国に抜擢《ばってき》されて副総統になり、その後、後を継《つ》いでいます。その間《かん》、宋美齢《そうびれい》と李登輝さんも、激しいライバル競争はあったのではないかと思います。

このあたりの台湾は、運命に翻弄《ほんろう》されていてなかなか大変です。

戒厳令《かいげんれい》も、長く、三十八年ぐらい敷《し》かれていたようです。

蔣介石は八十七歳没《さいぼつ》ですが、宋美齢のほうは百三歳とか百五歳とか、すごい長寿《ちょうじゅ》で、女性に「化《ば》け物」と言ってはいけませんが、「怪物《かいぶつ》のような女性だな」と、つくづく思います。年齢《ねんれい》は不詳《ふしょう》だったらしいのですが、アメリカの入学記録などから推定して、どうも百三歳ぐらいまで生きたらしいことは分かっています。年齢がよく分からなかったのですが、今ではそういうことが分かっています。

ということで、蔣介石は過去の人ではあるのですが、一部、私も同時代人でもありますので、大した記憶《きおく》はないのですが、何らか語らなければいけない立場にはあるのかなと思っています。

●**蔣経国**（1910～1988）　中華民国の政治家。蔣介石と、蔣介石の最初の妻である毛福梅《もうふくばい》の長男として生まれる。1925年にソ連に留学、1937年に帰国し、国民政府の要職を歴任。1975年、父の後を継いで国民党主席となる。1978年に第6代中華民国総統、1984年に第7代総統に就任した。

法家《ほうか》・商鞅《しょうおう》の思想は、民主主義下の法治主義とは違《ちが》う

大川隆法　今朝《けさ》ほど、不意打ちで何の関係もなく、商鞅《しょうおう》という人の霊《れい》がやって来たので、ちょっと霊言《れいげん》を録《と》りました。まあ、ザッとした霊言で、音声だけのものなのですが。

商鞅というのは、今から二千四百年ぐらい前の方で、世界史を勉強した人でなければ知らないかもしれませんが、「変法《へんぽう》」というものを行《おこな》った、一種の法家《ほうか》思想の先駆《さきが》けのような方です。大秦帝国《だいしんていこく》、統一王朝としての秦帝国ができる「走り」になったというか、考え方の基礎《きそ》になった方です。

要するに、法律、刑法《けいほう》でしょうけれども、「刑罰《けいばつ》を定めて、けっこう厳しく取り締《し》まって、国をまとめる」という考え方があったことが、秦帝国が統一王朝をつくれた理由の一つではあるわけです。

商鞅はその刑法をつくったけれども、最期《さいご》は、自分を庇護《ひご》していた方が亡《な》くなっ

●商鞅（前 390 ～同 338）　中国戦国時代の法家思想家。秦《しん》の孝公《こうこう》に仕え、「変法《へんぽう》」による国政改革で、のちの始皇帝による天下統一の基礎を築いたが、強圧的に改革を進めて反感を買い、孝公の死後、車裂きにされた。

て交代したことで、身の危険を感じ、馬に乗って国外逃亡《とうぼう》をしようとしているところを捕《と》らえられます。そして、自分がつくった法律によれば、「謀反《むほん》は死罪」なので、車裂《くるまざ》きの刑に遭《あ》って非業《ひごう》の死を遂《と》げています。

なぜ、商鞅のことを述べるのかというと、今の中国国家主席の習近平《しゅうきんぺい》氏が、この商鞅という人をとても尊敬していて、「商鞅の法治主義のようなものを、自分もやりたい」と考えているらしいからです。

そのように、習近平氏は法治主義をやっているつもりでいるらしいのですが、私たちから見ると、必ずしも「法治主義」と言えるかどうかは分かりません。「君主側」というか、統治側に都合《つごう》のいい法律をつくって、違反者《いはんしゃ》を摘発《てきはつ》し、反対の言論とか、外国帰りの人などが外国の価値観を持ち込んで意見を言ったりするのを取り締まって、牢屋《ろうや》にぶち込む、あるいは死刑にするための法治主義のようには見えるので、いわゆる「民主主義下の法治主義」とは違《ちが》うように思います。

習近平氏は、欧米《おうべい》型のものを嫌《きら》っているので、商鞅あたりに原点を求めて、「二千四百年も前に中国が生んだ天才」ということで、尊敬しているわけです。

商鞅は、確かに、天才に見えるところはあります。近代の法治国家的な考え方のようなものをつくったところはあるので、そのように見える面もあります。しかし、（商鞅の霊と）話をしてみると、結局、地獄《じごく》にずーっといるらしいということは分かりました。悪魔《あくま》になっているだろうと思われます。

裏表《うらおもて》、〝二重性〟があると言われる蔣介石を調べる

大川隆法　（商鞅の霊は）何が言いたいのかといえば、「来週の名古屋での『「毛沢東の霊言」講義』をやめろ」ということでした。「（そんなことをしても）いいことは何もないから、やめなさい。国の規模が違う。十四億 対 一億ちょっとの国で、中国と最大の貿易をやっていて、中国からの大勢の観光客で、今、日本はやっと潤《うるお》っているような状況《じょうきょう》だから、中国を敵に回して批判することは、日本の没落が進むだけだ。勝てるはずもない相手であるのだから、おとなしくして、朝貢《ちょうこう》外交に励《はげ》む

べきだ」というようなことを、商鞅は言ってきました。

そして、「ましてや、李登輝なんかの台湾を持ち上げたり、台湾を護《まも》るようなことを言ったりしたら、もうそれは日本の死滅《しめつ》につながるんだ。香港《ホンコン》、台湾の次には、日本が大中華帝国に粉砕《ふんさい》され、吸収されることになるんだ。だから、批判するべきではないから、セミナーもやめるべきだ」と、そのようなことを、今朝、言っていました。

それを聞いて、「やはり、蔣介石についても少し勉強したほうがいいのかな」と思ったわけです。まだ少し勉強が足りないのですが、蔣介石も調べてみようかと思います。
●この前の霊言で、毛沢東を「地球最大規模の悪魔」と認定はしたのですが、毛沢東と戦った相手である蔣介石のほうは霊言をしていないので、蔣介石がどうなのかが分かりません。李登輝さんは、蔣介石の息子の蔣経国から台湾を引き継いでいるけれども、その〝親分〟の蔣介石はどうだったのか。

●この前の霊言で……　『毛沢東の霊言』（前掲）参照。

蔣介石については、「親日的で、一種の君子のような感じで、『恨《うら》みをもって恨みを返さずに、恨みに対して恩でもって返す』という感じの考え方をする人だ」というように言う人もあったり、あるいは、戦後の日本への賠償請求権《ばいしょうせいきゅうけん》を放棄《ほうき》したことをほめる人もいたりして、日本から見たら、「いい人」のように言う意見もあります。

一方では、「本当は、そういう人ではなく、裏表《うらおもて》があり、裏側で残っている証拠《しょうこ》では、全然違う、まったく正反対の考え方を持っていた」と言う人もいます。「そういう〝二重性〟がある」とも言われていますが、これは、多少分かるところはあります。

蔣介石は日本に留学し、日本の士官学校の予備学校を卒業してエリートになっていました。また、台湾人としては、日本が敗戦になったときに、自分は戦勝国民なのか、戦敗国民なのか、ちょっと分からないような状況になりますので、そういう「ジキル・ハイド」というか、〝二重人格〟になる余地はあるだろうと思います。

ただ、権力の取り方とかをいろいろ見ると、多少、権謀術数《けんぼうじゅっすう》のある方なのかなという気もしますし、毛沢東との戦いで負けているという「弱さ」は、やはり、マネジメント力、リーダーシップが共に不足しているように見えなくもありません。

そういう意味で、私も、この人に対して、正確にどう位置づけをしたらよいのか、直感的には、正直に言って分かりにくい感じになっています。

どういうふうに出てくるかは分かりませんが、（質問者の）みなさんとのやり取りのなかで、その考え方やあり方が明らかになれば幸いだと思います。もし、老獪《ろうかい》だった場合には見抜《みぬ》けないこともあるので、確定できない場合には「確定できない」ということで、置いておかなければいけないかもしれません。

今朝ほどあった商鞅の霊言でも、蒋介石については一言《ひとこと》も述べていなかったので、分からないような感じでしたし、「『孫子《そんし》の兵法』の孫子はどうですか」と訊《き》いても、「いや、あちらは兵法であり、自分のほうは法家で、法律なんだ。だから、種類が違うので、孫子は知らない」という言い方をしていたので、ちょっと分からないところもあります。

アジアの発火点・台湾《たいわん》の原点へ――蔣介石の招霊《しょうれい》

大川隆法　前置きとして、長めに話しました。今は、蔣介石と言っても分からない人も多いでしょう。毛沢東と同時代に覇権《はけん》争いをした人で、一時は中華民国として中国全土を持っていたけれども、大戦後、毛沢東との内戦で敗れ、中国本土の人も連れて台湾《たいわん》に移動し、そこで「中華民国」を称《しょう》して、いまだにその争いは続いています。

今、習近平氏は、「香港、そして台湾を取りたい。できたら、言葉一つで取りたい」と思っているらしいのです。「一国二制度」などと言いながら取ろうとして、狙《ねら》っているわけです。

李登輝さんは九十六歳ですが、彼が存命のうちはまだもつかもしれませんが、もし亡くなられたら、一気に中国は取りに来るかもしれません。〝アジアの問題の発

―蔣介石の生涯年表―

1887年	清国の浙江省《せっこうしょう》に生まれる。
1907年	日本に留学し、陸軍士官学校の予備学校で学ぶ。
1911年	「辛亥革命」に参加。
1912年	清朝が崩壊し、中華民国の建国。孫文の指導の下、国民党が結成。
1913年	袁世凱《えんせいがい》に弾圧され、孫文と共に日本に亡命。翌年、満州に移る。
1924年	国民党が共産党との連携に合意（第一次国共合作）。
1926年	孫文の死後に実権を握ると、北京の軍閥政府の排除を目指して「北伐」を開始。
1927年	上海クーデターで中国共産党を弾圧し、国共合作は決裂。宋美齢と結婚。
1928年	北京を占領。中華民国（国民政府）の主席に就任し、「反共・対日」を掲げる。
1931年	柳条湖《りゅうじょうこ》事件を契機《けいき》に、日本軍（関東軍）との武力抗争が勃発（満州事変）。
1932年	満州国の建国。
1933年	日本と停戦協定（塘沽《タンクー》停戦協定）を締結。
1936年	西安事件で張学良《ちょうがくりょう》らに軟禁され、反共政策の見直しを迫られる。
1937年	7月、盧溝橋《ろこうきょう》事件をきっかけに日中戦争が始まると、第二次国共合作に合意。
	12月、南京から四川省へ敗走。日本軍が南京を占領。
1941年	太平洋戦争が始まる。中華民国は連合国側に参加。
1945年	8月、終戦。
	10月、中華民国が国連の常任理事国となる。また、民主的な政権の樹立を目指して、共産党と双十協定を締結。
1946年	共産党と決別し、「国共内戦」が始まる。
1947年	台湾で起きた反政府デモを、国民党政府が武力弾圧（二・二八事件）。反体制派に対する弾圧は87年まで続けられ、数多くの国民が投獄・処刑された。
1949年	10月、毛沢東が中華人民共和国を建国。
	12月、「国共内戦」に敗北し、台湾へ移る。
1950年	中華民国（台湾）の総統に就任。
1971年	国連常任理事国が中華人民共和国に変更され、中華民国が国連から脱退。
1975年	死去。

火点〟は、ここ（台湾）もありえると思っています。そういう意味で、建国のスタートのあたりを探《さぐ》っておくことも大事ではないかと思っています。

以上を前置きとして、霊言に入りたいと思います。

それでは、中華民国の総統でありました、蔣介石さんをお招きいたしまして、幸福の科学で、そのお話を伺《うかが》いたいと思います。

蔣介石総統よ、どうぞ、幸福の科学にご降臨《こうりん》たまいて、そのお話を聞かせていただければ幸いです。お初になります。

蔣介石よ。蔣介石さん、蔣介石さん、どうか、幸福の科学に降りたまいて、その考えをお述べください。

蔣介石さん。

（約十秒間の沈黙《ちんもく》）

3　蔣介石は、先の大戦、戦後をどう見たか

「毛沢東《もうたくとう》は嫌《きら》い。本当は蹴散《けち》らすべきだった」

蔣介石　うーん……。うーん、うーん……。

綾織　こんにちは。

蔣介石　初めてかなあ。初めてかなあ。

綾織　初めてお目にかかります。

蔣介石　うん。初めてだなあ。

綾織　本日は、まことにありがとうございます。

蔣介石　うーん。（先ほどは）何か変な紹介《しょうかい》だったねえ。

綾織　そうでしょうか。非常に客観的な……。

蔣介石　分かりにくい紹介だった。もうちょっと、すっきりとした紹介であってもよかったような気はするんだがなあ。

綾織　なるほど。

蔣介石　毛沢東《もうたくとう》が嫌《きら》いなら「嫌い」で、立場っていうのは、はっきりしなきゃいけないんじゃないかなあ。

（質問者の幸福実現党党首・釈量子を指して）党首は、「頭が、そのくらいシンプルでないと分からない」って言ってる、心の声は。「言ってることが難しすぎる。すっきりしてくれ」と。

綾織　ぜひ、そのあたりにつきまして、シンプルなお話をお伺《うかが》いしていければと思います。

蔣介石　「そんな難しい話は、もう全然、街宣《がいせん》できない」って。

綾織　はい。毛沢東のことは、嫌いなんですよね？

蔣介石　そりゃあ、当然だろうが。

綾織　そうですよね。

蔣介石　そんなの、嫌いに決まってるじゃない。五寸釘《ごすんくぎ》を打ち込《こ》みたいぐらいだから。

綾織　なるほど。

蔣介石　そりゃあ、嫌いだよ。

綾織　うーん。本当に、「永遠のライバル」と言ったら、ちょっと〝あれ〟ですけれども、この「因縁《いんねん》のライバル」がですね……。

蔣介石　いや、「ライバル」でもあるべきでないんで。あんな者は、もう本当は蹴《け》散《ち》らすべきだったんだが。

「戦後のねじれ」は、すべて先の戦争に問題があったから？

蔣介石　だから、あの「暗黒思想」というか、「暴力思想」に負けたのが残念だ。私たちの平和的な、民主的な、民主主義的な思想がな、あんな暴力的な思想にねえ、敗れたのが残念だ。

綾織　やはり、毛沢東は共産主義思想をしっかりと持っていたわけですが、その問題というのも理解されているわけですね。

蔣介石　そりゃあ、そうだよ。まあ、（私は）日本軍にもいたからさあ、立場は

〝ややこしい〟んだけどね。だから、「戦勝国」と言われても、こっちもこそばゆくてしょうがないんだけどさあ。

だから、日本がやったのは「反共同盟」だろう？　あれ、三国、「日独伊《にちどくい》」……。

綾織　そうですね。

蔣介石　まあ、悪いこともやってるとは思うんだけどね。侵略《しんりゃく》とか、ユダヤ人虐殺《ぎゃくさつ》とかさあ、それは、ちょっと、あまりよくないところもあるけど、「反共同盟」自体は、趣旨《しゅし》は間違《まちが》ってはなかったんじゃないかなあ。

だから、戦勝国側が間違ったから。で、勝っちゃったから、戦後、「東西冷戦」っていうか、もう、「ソ連との冷戦」とかが長く続いちゃってさあ。何十年も、その後、続いちゃったから、間違いがあったんじゃないかね。

それで、冷戦は続くけど、アメリカはベトナム戦争をやってるの、二十年な。一

●日独伊……　1940年に、日本、ドイツ、イタリアの間で結ばれた軍事同盟（日独伊三国同盟）。世界的に広がる共産主義運動に対抗するため、1936年から37年にかけて、日本・ドイツ・イタリアの三国で結ばれた反共・反ソ協定（日独伊防共協定）が発展したもの。

九五五年から一九七五年ぐらいまで、二十年もやって、中国軍が潜《もぐ》り込んでさあ、あちらの中共軍が潜り込んで戦ってくるんで、（アメリカは）敗戦になっちゃったから。まあ、「ちょっと手強《てごわ》い」と思って。

あと、「ソ連との冷戦」なので、あっちを丸め込まなきゃいけないということで、中国を丸め込んで国交回復してさ。まさかの〝あれ〟をやっちゃったんだよな。まさかの、「共産党と、自由主義のチャンピオンのアメリカとが手を組む」ようなことが起きちゃったみたいな。

だから、「戦後のねじれ」のおかしいやつは、これ、全部、先の戦争のなかに問題があるんだがな。

「ねじれ」の一因は蔣介石にもある点、どう考える

綾織　ちょっと、「お言葉ですが」という感じになってしまうのですが、あなたがその「ねじれ」の一端《いったん》を担《にな》っているところもありまして。

蔣介石　いや、「わしが弱かった」と言うんだろう？　そりゃあ、わしが毛沢東の頭を真《ま》っ二《ぷた》つに割っときゃあ、それで済んだよな。

綾織　はい。あとは、「反共」ということで言うならば、日本は、もうずっと反共ですので。

蔣介石　反共だなあ。まあ、そうだな。

綾織　はい。その日本に対して……。

蔣介石　いや、だから、日本軍のために戦ってはおって（苦笑）。それで、逆に、日本軍を敵にして戦わないといかんようになったという、まあ、まことやこしい関係であるんでなあ。

綾織　ええ。やはり、そこも判断のところですよね。

蔣介石　いや、孫文《そんぶん》や私も、日本にお世話になっとるもんだから。ある意味での、まあ、〝第二の母国〟でもあるんで、極《きわ》めてやりにくい。何か、爪楊枝《つまようじ》が挟《はさ》まったような感じの、挟まったまま、ご飯《はん》を食べてるような感じの。

綾織　シンプルにいきますと、「反共」という……。

蔣介石　（釈を指して）もう、党首が「シンプルでないと分からん」って、さっきから悲鳴を上げてるんだよ。君と私みたいな議論はね、もうさっぱり分からないから、活字にされても。

釈　（苦笑）

綾織　いや、いや。ぜひ、シンプルでお願いしたいんですけれども。

蔣介石　ああ、「シンプル化してくれ」って。

綾織　やはり、「反共」で戦うとしたら、もうシンプルに、「日本と組んで毛沢東と戦い続けましょう」ということでよかったのではないでしょうか。

蔣介石　だけど、戦勝国になっちゃったから。「戦勝国としての中華《ちゅうか》民国の総統」だからさあ。

綾織　いや、その前の時点のことです。

蒋介石　戦勝国って、連合国の常任理事国に本当はなれたはずなのに。だから、ややこしいんだよ。

「第二次国共合作《がっさく》」は正しい選択《せんたく》だったのか

綾織　まあ、いろいろなところに、ターニングポイントになるようなところはあると思うんです。

蒋介石　うん。

綾織　例えば、「第二次国共合作《がっさく》」のところは、「西安事件《せいあんじけん》」等、いろいろなことがあって、しかたがないところもあるのかなと思いつつも、やはり、そこまで毛沢東

（右）国連憲章を批准する蒋介石（1945年8月24日）。

●常任理事国に……　大戦後に設立された国連の安全保障理事会における常任理事国は、アメリカ・イギリス・フランス・ソ連・中国となった。当初、「中国」の代表権は「中華民国（蒋介石の国民党政権）」にあったが、1971年、アルバニア決議によって、常任理事国を中華人民共和国へと変更。これに抗議する形で、中華民国は国連を脱退した。

と組んで、日本と戦わなくてもよかったタイミングはあったと思うんですよね。

蔣介石　だけど、国を抑《おさ》える力が足りなくてねえ。もう、軍閥《ぐんばつ》なんかも割拠《かっきょ》しておったしね。実に難しかったんだよね。「あの中国大陸を治める」って、簡単でなかったことは事実だわ。

だから、そのときどきによって、どうしても、日和見《ひよりみ》せざるをえなかったところがあって。それで、ちょっと、なめとったのかな。毛沢東とか、そこまで行かないと思っとったんだがな。あそこまで、戦後、一気に来るとは思わなかったなあ。

綾織　まあ、日本も戦時中、「そういう内戦を何とか治めたい。そして、安定した中国をつくりたい」ということで、軍隊を送って、何とか治安維持《いじ》を図《はか》ってきたわけです。

それに対して、「日本と戦う」ということになると、またさらに、一気に内戦が激しくなるだけです。やはり、この選択《せんたく》というのは、ミスが大きかったのかなと思うんですよね。

蔣介石　まあ、ややこしいんだよなあ。だから、今の共産党政府、北京《ペキン》政府が「台《たい》湾《わん》は一つの国家（中国）だ」と言ってるけど、「台湾に行っていた中国人」って言っても、清朝《しんちょう》の時代の人間だから。清は満州《まんしゅう》族だからさあ。だから、（漢《かん》民族は）満州族を追い出して、やってるからね、あとね。

それで、満州族は満州国に逃《に》げ帰って、そこは、日本が保護国化して護《まも》ってたやつだよな。その意味で言えば、正当性はあるので。だから、日本が満州国を統治するのとか、あと、台湾を統治してたのも、正当性がないわけではないんだが。だけど、今の北京政府は、（満州も台湾も）自分たちの国であったかのような言い方をしてはいるわなあ。まあ、そう言って、口だけで取ろうとはしておるんだけど、彼らのものではないわな。彼らのものでは、ない。あんなの、小さかったからな、本当に。

蔣介石が日本を敵にした、真の理由

及川　今のことではなくて、もう一回、少し過去のことに戻《もど》りたいんですけれども。

蔣介石　ああ、すみません。

及川　結局、「どうして中国が日本を敵に回したのか」、ここが本当に、みんな分からないんですよね。

蔣介石　私も分からないんだよ。

及川　いや、もしかしたら、それは、日本が満州国をつくったことが原因ですか。

蔣介石　分からん。まあ、日本が勝っとれば、別に、日本人のふりをして、そのまま いたと思うんだがな。負けたからね。負けるのが分かったら……。

及川　「逃げ出したら、日本が第二次世界大戦に負けた」という?

蔣介石　うん。だいたいね、もう、ドイツが負けてイタリアが負けたら、そりゃあ、「日本も負けるだろう」というのは分かったし、まあ、空襲《くうしゅう》がだいぶ激しくなってねえ。

及川　その前の一九三〇年代ぐらい、日本が負ける前のことです。

蔣介石　ああ、なるほど。

及川　なぜ、日本と戦うようになってしまったのか。

蔣介石　うーん……。

及川　日本は、当時、満州国を立てていましたね。

蔣介石　うん。うん、うん。

及川　そして、満州国の統治を、中国から見たら、ある意味では異民族である馬賊《ばぞく》にやらせようとしていました。やはり、そのあたりがお気に召《め》さなかったのでしょうか。

蔣介石　うーん……。まあ、それもあるけど、共産党だって、処刑《しょけい》したり、粛清《しゅくせい》したり、いっぱいしてるから、内戦っていうのは、もう……。

だから、中国には、もともとね、「統一国家の理想」はいつもあるんだけどさあ。もう、いつも、中国のなかも「異民族同士の戦い」で、国がね、いつも戦いをやって、殺し合っているような状況《じょうきょう》が多かったからね。価値観が、そんなにはっきりはしないので。

とにかく、「統一王朝」っていうか、統一的な、まあ、孫文の思想に基《もと》づく、や民主主義的な、議会のあるような国をつくろうとしたから、もしそれが成功しておれば、中国は「いい国」になっとった可能性はあるんだがなあ。

だから、力が足りなくて、うまくいかなかったなあ。うーん……。

孫文とは霊界《れいかい》で会っているのか

釈　基本的な思想としては、孫文先生の「三民主義」を持っておられるということ

●**三民主義**　中国革命の父といわれる革命家・孫文（1866～1925）が唱えた思想。民族主義（帝国主義からの独立）・民権主義（民主制の実現）・民生主義（生活の安定）の三つからなる。

ですね。今でも、孫文先生とは、霊界《れいかい》でお会いになったりしているのでしょうか。

蔣介石　うん。

釈　あっ、そうなんですね。

綾織　やはり、そうですか。それは、どういうお話をされているんですか。

蔣介石　うーん、だから、「わしに何が足りんかったかなあ」っていう話だよ、やっぱりな。

いやあ、あの毛沢東以降、あんなに中国が大きくなってさあ、まだ、今も覇権《はけん》主義になって、帝国《ていこく》主義を再開して、もう、「近隣《きんりん》のアジアの国も取ったろうか」という姿勢が見え見えだわな。

「こんな国になるんであれば、もうちょっと自由で民主主義的な国家をつくることができたのに、なんで、われわれは勝てなかったんだ」っていうような話はしてる。

綾織　孫文先生は早くに亡《な》くなられているわけですけれども、天上界《てんじょうかい》からご覧になっていて、「何が問題だった」という指摘《してき》をされていますか。

蔣介石　まあ、日本が弱かったのも問題はあるんだけど、そうだねえ……。でも、中国の独立自体は、満州国ぐらいだったら許せるけど、中国全土を日本の植民地にするっていうのは、なかなか……。そりゃあ、抵抗《ていこう》運動は、当然ながら、民衆のあれとしては起きてくる。

だから、その意向を受けた民主主義的な国家でなければ、やっぱり、いけないはずだから、どうしても、ここのところは、日本と対立する面が出てくるのはしかたがない。中国人であるかぎりな。
まさか、台湾に追い落とされるとは思ってなかったからさあ。
「日中戦争」、そして、台湾《たいわん》での「造神運動《ぞうしん》」

綾織　また、少し戦争中の話になるのですが、日本も中国といろいろなボタンの掛《か》け違いがありまして、一九三七年に「日中戦争」が始まりました。盧溝橋《ろこうきょう》事件があって、日中戦争、「支那《しな》事変」と言われていますけれども、そのようになっていきました。

　そのなかで、日本の側も、「蔣介石を相手にしないんだ」と……。

蔣介石　うん。そう、そう。

綾織　「蔣介石政府を相手にしない」というような声明を出したがゆえに、結局は、

●蔣介石政府を相手にしない……　第一次近衛文麿《このえふみまろ》内閣の対中国政策に関する声明のこと。1937年に始まった日中戦争の長期化を避《さ》けるために進めていた和平工作に蔣介石が応じなかったため、1938年1月、中華民国政府との交渉の打ち切りを発表、声明文のなかで「国民政府を相手とせず」と述べている。

戦争がズルズルと続いていくということもありました。「これにはソ連のスパイが入っていた」というように言われているのですが、このあたりの、ソ連やアメリカ、イギリス等、欧米《おうべい》やソ連の……。

蔣介石　いや、入ってた、欧米からもねえ、いろいろと。

綾織　やはり、介入ですよね。そのへんがありました。

蔣介石　「参謀《さんぼう》」みたいなものが、いっぱい入り込んではきてたからねえ。そりゃあ、やってたし、今、若い人に言っても分からんが、「汪兆銘《おうちょうめい》政権」みたいなのを立ててみたり……。

綾織　汪兆銘は、日本側と組みました。

●汪兆銘（1883～1944）　中国の政治家。1904年、日本の法政大学に留学、孫文の指導する中国革命同盟に加わる。国民党結成後は同党の幹部となった。後《のち》に日中戦争では、日中提携を掲《かか》げて、親日反共を主張。1940年、日本と提携を結び南京《ナンキン》政府を立て、主席となった。

蔣介石　日本も、そんな傀儡《かいらい》政権を立ててみたり、もうややこしいからね。だから、何とか統一しなきゃいけないものはあったんだが、「統一すべき理念」がなくてね。だから、私も台湾《たいわん》に行って、中華民国を台湾に移して、総統になってね。まあ、「造神《ぞうしん》運動」って言うんだけどさ、「神を造る運動」って言うんだけど、造神運動で神格化しないと国がまとめられないから、やったけど。

すぐに、毛沢東のほうも造神運動を始めちゃって。「毛沢東を神格化する運動」を、あっちも始めちゃったりして。だから、両方、「現人神《あらひとがみ》運動」をやっちゃったんだけどね。

まあ、共産主義のほうが、神がないのもあって、生きてる人間を神にするほうが、しやすかったところはあるなあ。

クリスチャンとしては、若干《じゃっかん》、心苦しいものもあって、このへんに、私が「心のなかが怪《あや》しい」と言われてる理由が、いろいろあるんだろうと思うがなあ。

宋美齢《そうびれい》を妻にした意図は何だったのか

釈　まさに、クリスチャンとしての信仰《しんこう》のところは、奥様《おくさま》の影響かと思うんですけれども。

蔣介石　そう、そう。

釈　ご本人としても信仰心は、やはり、しっかりお持ちで？

蔣介石　うん。まあ、かすかにあるよ。かすかにはあったよ。ただ、結婚《けっこん》してくれないからさ、そうしないと。だから、前妻とか妾《めかけ》とかを〝粛清〟して……。（首を横に振《ふ》りながら）いや、いや、いや、その、何？　法律的にちゃんと清算して、クリスチャンとして一夫一婦制のをしないと、許してくれないけど、まあ……。

綾織　奥さんの宋美齢《そうびれい》さんの考え方の影響もあるのでしょうか？　一説には、「宋美齢さんのほうは、抗日戦争を非常に考えていた」というように言われていますので、もしかして、その影響で……。

蔣介石　（宋美齢は）ちょっとアメリカンだからね。

綾織　ええ。

蔣介石　はっきり、アメリカンだから、アメリカが考えてたようにやったし、実はアメリカをかなり動かしたところもあるからなあ。

アメリカを焚《た》きつけた。「日本が、いかに残酷《ざんこく》なことをするか」っていうことをアメリカで言って。アメリカ人はもう分からないから、「これは大変な悪いやつだ」って思って、攻撃《こうげき》性を増したのは事実だろうね。

そういう意味では、口一つで説きに来るような、「古代の外交官」みたいなところはあったかもしれんなあ。

及川　ということは、宋美齢さん自身の判断で、そういうことを進められて、蔣介石総統が奥さんを利用したわけではない？

蔣介石　いやあ、結婚は利用だけどね、いちおう。結婚は、それはもう、〝古い〟のを清算してまで結婚したわけだから。

ラジオ放送に出演し、アメリカの支援に感謝を伝える宋美齢（1945年）。

及川　それは、財閥をつけたかった？

蔣介石　まあ、孫文の奥さんだったほう（宋美齢の姉・宋慶齢《そうけいれい》）でもよかったんだけど、あっちは逃げたからしょうがない。こちらに迫《せま》った。

要するに、私らみたいに「出《で》」がよくない者は、やっぱり、何か「格」を付けないと。

及川　「アメリカを味方につけたかった」と、総統自身がお考えだったのではないのですか。

蔣介石　まあ、そういう考えもあるが。

だけど、こういうような話をしてると、もう、どんどん、私が日和見で、何か優《ゆう》柔不断《じゅうふだん》に見えて……。だから、疑われて、狸《たぬき》か狐《きつね》みたいに言われるのは嫌いなんだ

よなあ。

アジアでのデモクラシー革命の仕掛《しか》け人は、日本だった

及川　それでは、ちょっと観点を変えて、先ほどのキリスト教のところについてお伺いします。

日本は敗戦国になったため、本当であれば、戦後は分断国家になってしまうところだったのを、蔣介石総統が擁護《ようご》してくださったことによって、海外に出ていた日本人もスムーズに帰ることができたと、日本のクリスチャンたちは信じているのですけれども。

蔣介石　うん、うん、うん。

及川　これについては、いかがでしょうか。

蔣介石　ハッハッハッ（笑）。そういうふうに見える場合もあるわな。うん。いや、もうね、歴史の激流のなかで、もみくちゃになってるからさ、そんなに言うほどねえ、「永遠の哲学《てつがく》」をつくろうとしてやってるもんではないのでさあ。

綾織　あとから考えると、孫文先生の「三民主義」で行くんだということであれば、「仮にどこかで命が取られたとしても、貫《つらぬ》くべきだったのかな」と思ってしまうところも多少あります。いろいろな激流のなかで〝しかたがない選択〟を重ねていって、結局は国を取られてしまうという、そういう流れに見えるところはありますね。

蔣介石　日本も、だから、孫文式の「三民主義」的な中華民国が大陸をまとめていくなら、それをなるべく応援《おうえん》できたかもしれないし。インドだってね、（日本は）インドの独立も推《お》し進めてたからね。インドの革命の志士たちも匿《かくま》ってたからね。

だから、アジアでのデモクラシー革命の仕掛《しか》け人は「日本」なんですよ、ある意味でね。日本というパトロンがなきゃ、できなかったんだけど。
今の共産党のやつらは、共産主義をデモクラシーと思ってるんだけど、それがどうかの問題も、まあ、別の問題としてあるわな。
だから、うーん、しかたない。このへんが世界史の何とも難しいところなんで。

綾織　ただ、そちらの世界で孫文先生から叱《しか》られたりしていないのでしょうか。「おいおい、話が違うじゃないか。そういう方向ではなかったはずだろう?」と。

蔣介石　うーん……。「叱られる」っていうか、「叱る」ほどの資格は孫文さんにもなくて、そんなに腰《こし》が入ってないというか、自分らもちょっと〝付け焼き刃《やきば》〟だからねえ、若干。
軍閥が強くってね。ほかにも有力者がいっぱいいるんで、これを懐柔《かいじゅう》しながらやらなきゃいけないから。

「アメリカと宋美齢《そうびれい》との関係」は、本当はどうだったのか

釈　では、あまりコントロールが効かなかったといいますか……。

例えば、宋美齢《そうびれい》さんが全米を回って反日の演説をしておられたことの真相に関し、「宋美齢は、ルーズベルト大統領のスパイとして働いていたのではないか」という指摘をする専門家もいるのですけれども、このあたりなどは見えていらっしゃるのでしょうか。

蔣介石　（舌打ち）まあ、スパイっていうことはないと思うけど。教育から見ても、アメリカ人的な考え方は持っとったというところもあるし。まあ、クリスチャンだったんで、「クリスチャンなら、こう考える」みたいな。彼らは善悪をはっきりするしね。「神とサタン」みたいに分けないとすっきりしないから、どっちかはっき

りしなきゃいけないのでね。

だから、アメリカが戦う相手は、サタンでなければならないわけですから。サタンならサタンとして、もう、悪ければ悪いほどいいわけですから、〝中途半端《ちゅうとはんぱ》なサタン〟では困るわけでね。「善悪、両方持ってるサタン」は戦いにくいから。サタンなら〝はっきりしたサタン〟にしなければいけないし。

日本のクリスチャンたちも投獄《とうごく》されていたと思うしね。まあ、そういうこともあるから、日本も「クリスチャンを弾圧《だんあつ》している国」ということは言われていた。「クリスチャンを弾圧している日本というのは、民主主義国家ではない」と、こういうふうに考えるわなあ。

及川　アメリカにも、そういうキリスト教的な善悪の発想はあるかもしれませんが、逆に、アメリカのグローバリスト層などは、宋美齢や蔣介石総統をビジネスのために利用していたというようなことはあったんでしょうか。

蔣介石　まあ、それもある。うん。

満州あたりの利権をめぐってはね、当時、日本とアメリカは激しく争っとったからね。だから、アメリカが十分な利権を食《は》めなかったんだろ?　ヨーロッパにすごく後《おく》れを取ってしまってね。アメリカが取れるものがもうほとんど……、まあ、ハワイとかフィリピンは取ったかな。あんまり金になるところが取れてないよね。ハワイは観光資源ぐらいで（笑）。フィリピンだって大したものはないのでね。

だから、実は、本当を言えば、「アメリカも中国を取りたかった」というのは本音だと思う。だけど、日本に先を越《こ》されたのが悔《くや》しいよなあ。「これはぶっ叩《たた》いてやらなければいけない」、これが本音だよ。

だけど、「正義のヒーロー」を気取ってやっておるがゆえに、「日本をぶっ叩いておいて、自分が全部取る」みたいなことはできなかったっていうところが矛盾《むじゅん》だな。本当は、戦って、あと、取ってしまいたかったところだろうなあ。

4　蔣介石が明かす、南京《ナンキン》大虐殺《だいぎゃくさつ》の実態

「日本軍で大虐殺をしたのなんか、見たことない」

釈　「南京《ナンキン》大虐殺《だいぎゃくさつ》」という、いわゆるプロパガンダを、日本は信じ込《こ》まされてしまっているところがあるんですけれども……。

蔣介石　言い返したらいいのに、なんで言わないの？

釈　では、それは「(南京大虐殺は）なかった」ということでよろしいですね？

蔣介石　うん？

綾織　それなりの報告は受けていると思うんです。あなたがたが南京から逃《に》げ出してから、「実際にはどういう戦いがあり、何が起こったか」という報告を受けられていると思うんですけれども、実際はどうだったのでしょうか。

蔣介石　戦争だから、そらあ、戦いはあるさ。それはしょうがないじゃない。それは、まあ、虐殺とか言い方はあるけど、いちおう、こっちも軍人はいたわけだから、戦って負けたから、それは逃げてるんだろうに。敗走してるわけで。〝南京大虐殺〟って、南京の人口そのものを上げただけのことで（笑）。

それを信じるやつは、まあ、信じたほうが攻撃《こうげき》しやすいから、それは信じるし。日本はプロパガンダが下手《へた》な国で、世界から孤立《こりつ》してて、今の北朝鮮《きたちょうせん》みたいな国になってるから。ＰＲ下手《へた》なんで。

綾織　一部の戦闘行為《せんとうこうい》と、その後の、軍服を脱《ぬ》いでゲリラ状態になった兵隊が……。

蔣介石　便衣兵《べんいへい》ね。うんうん。

綾織　ええ。便衣兵がいっぱいいたわけですけれども、そういうものだったという認識ですか。

蔣介石　ハッ（笑）。そうでいいんじゃない？　だって、あるわけないじゃん、そんなの。

綾織　「あるわけない」？　ほう。

（左）国民党軍が敗走し、南京に入城する日本軍。先頭の馬上の人物が松井石根《まついいわね》大将。
（右）日本軍の入城を歓迎する避難民たち（1937年12月17日）。

蔣介石　日本軍で大虐殺をしたのなんか、見たことないわな。

綾織　「見たことない」？

蔣介石　うんうん。

「帝国《ていこく》陸軍の将校たちは、神様みたいな立派な人たちだった」

釈　（南京攻略の軍司令官だった）松井石根《まついいわね》大将がB級戦犯《せんぱん》として処刑《しょけい》されたのですが、一説によると、蔣介石さんは、ご生前、悔悟《かいご》、後悔の涙《なみだ》を流したという話も伝わっているようです。「気の毒だった」というような気持ちはおありなのですか。

蔣介石　まあ、日本軍に私も籍《せき》を置いてたから、ちょっと言いにくいんだけど、日本軍の軍人は立派でしたよ。もう、頭脳が優秀《ゆうしゅう》なことはもちろんのこと、体力的にも、もう、ピカイチの、国体に出るような感じの頑健《がんけん》な方でね。立派な方ばっかりでしたから。われわれが見たら、もう、ほんとに震《ふる》え上がってくるぐらい怖《こわ》い人たちだったんで、立派だったと思いますよ。

だから、「立派だった方」では困るわけよね。欧米《おうべい》的な、日本殲滅《せんめつ》作戦をやってる人たちには、そうでは困るわけで、〝イエローモンキー〟でなきゃいけないわけなんで。そういうことは言っちゃいけないことだったから、すごくいやらしい、下卑《げび》た人間でなきゃいけないんだろうけど、実際はそうではなかった。

それは、（中国国民党軍が）台湾《たいわん》に逃げ込んでからあと、（台湾を統治していた）日本軍を追い出したら、「犬が出ていったら豚《ぶた》が入ってきた」っていうふうに言われているけど、中国人のほうの規律とか、もう……、汚職《おしょく》体質とか、暴力、殺人、横領、賄賂《わいろ》、こういう腐敗《ふはい》体質っていうのがものすごくて。

日本統治下の台湾は、もっとグーッとレベルが高くて、治安もよくて、今で言う経済指標的に見りゃあ、台湾は当時の東京市と変わらないぐらいのレベルを維持《いじ》していたので。それと比べて、中国本土から人が……、まあ、私らも入って（笑）、入ってから、もう、「豚が入ってきた」っていう。貪欲《どんよく》で、餌《えさ》を漁《あさ》るだけ……、豚に失礼で申し訳ない。「日本は犬だけど、番犬ぐらいの役はしていた。だけど、豚（中国）は貪《むさぼ》るだけだった」みたいな言い方をしとるわな、台湾ではね。

だから、そういうふうに、台湾人から見ても、中国本土人っていうのはすごく汚《きたな》い、いやらしい人間に見えてたらしい。それに比べれば、（日本）帝国《ていこく》陸軍の将校たちは、もうそれは、神様みたいな立派な人たちでしたよ。

5　一九四七年「二・二八事件」の深層

蔣介石は「二・二八事件」の首謀者《しゅぼうしゃ》だったのか

及川　ここまでお聞きしていると、蔣介石総統は、日本に対して思いを持たれているし、決して「反日」ではないように聞こえるんですよ。

蔣介石　うーん。

及川　ただ、戦後の台湾《たいわん》で「二・二八事件」ですか？

蔣介石　ああ、うんうんうんうんうんうん。

及川　たいへんな虐殺《ぎゃくさつ》があって、その後、国民党は「反日政策」を行《おこな》ったのですけれども、それにはかかわっていらっしゃるんでしょうか。

蔣介石　いや、まあ、私が首謀者《しゅぼうしゃ》だというふうに、噂《うわさ》が流れてはおるわねえ。

及川　そういう説がありますよね。

蔣介石　それは、内心は引き裂《さ》かれてるので、私の心はね。だから、何とも言えない。半分、自己否定にもなることなんでね。
ただ、戦後、外省人《がいしょうじん》は、立場上、上に立つということ、要するに、任されたことになってるので。ということで、統治側についたからさ。
地元の台湾の人間や、負けた日本籍《せき》を持ってるやつらは……、まあ、その後のあれだけどね、今、タイだってそうだし、ポル・ポトのところもそうだったけど、外国帰りの人、君（及川）みたいなタイプの人はみんな殺すんだよな。いちおう殺されて。余計な知識を持って、意見を言うからさ。口うるさい。だから、みんな殺していく。まあ、そういうものもあったとは思うんだけどなあ。

ここはややこしいけど、まあ、宋美齢《そうびれい》なんかの考えもあったことはあったから。

李登輝《りとうき》に対する蒋介石の評価は？

蒋介石　私のあと、もし、宋美齢のほうが勝っとればね、李登輝《りとうき》でなく宋美齢のほうが勝っておれば、そういうふうにまだ言われ続けてるかもしれないし、もし、その考え方だったら、本当に早く「一つの中国」になっていたかもしれないね。李登輝じゃなくて宋美齢が勝って総統になってた場合だったら、もしかしたら、台湾と中国が一つになった可能性はあるかもしらん。

綾織　李登輝さんについては評価されているんですね？

蔣介石　うん？　え？　私が？

綾織　はい。

蔣介石　うーん。（李登輝の総統就任は）まあ、ちょっと〝棚《たな》ぼた〟ではあるから、何とも言えんけどなあ。独立戦争ぐらいして勝ったっていうならともかく。

綾織　まあ、就任は棚ぼたにしても、その後、民主化を果たし、政権交代までしていますので。

蔣介石　民主化のところは孫文《そんぶん》からの流れを受け継《つ》いでるからね。それは、そのほうがよかったと。台湾は、戦後、国交はいろいろ失って、今、孤立《こりつ》してるけどね。まあ、今、二十カ国ちょっとぐらいしかないかもしらんけど、でも、中国本土に比べれば、ずーっと幸せではあったんで。ただ、無国籍的な感じの漂《ただよ》い方はしたのでね。まあ、そのへんが不幸ではあったけど。

「田中角栄《たなかかくえい》時代の裏切りは、ちょっと許せんな」

蔣介石　日本は、戦前、あれだけ威張《いば》ってたんだったら、ちゃんと支えてほしかったなあ。田中角栄《たなかかくえい》時代の「裏切り」はちょっと許せんな。私も生きてたからねえ。角栄のあの裏切りはちょっと許せないなあ、何か。「経済優先」だろ？　何でも経済。経済だけになったから。

今、中国が転んでさあ、政治のほうは、まあ、一緒《いっしょ》だけど、経済だけ転んで資本主義経済みたいに言ってるけど、角栄なんかその先駆者《せんくしゃ》じゃない？　経済だけで考えるっていうのはねえ。ちょっとあんまりよくないんじゃないの、あれは。

あれで、結局、中国を〝太らせ〟て、さらに、アメリカがあちらの中国の本土と提携《ていけい》して大きくして。日本が強くなってきたから、日本を懲《こ》らしめるために、中国の経済をさらに拡大して、日本のほうを締《し》め上げて、九〇年代に。で、逆転させてから、今度、驚《おどろ》いているような状況《じょうきょう》になってるんだろう？　だから、そうなるとは思ってなかったという。

だから、読み違《ちが》いばっかりじゃないか。なあ？　だから、うーん。

暗黒の霧《きり》で囲まれた〝結界要塞《けっかいようさい》〟がある中国

釈　現在の中国の覇権《はけん》主義に対しては、天上界《てんじょうかい》から、あるいは、今、いらっしゃる世界から見て憂慮《ゆうりょ》しておられるということですね？

蔣介石　いやあ、それはねえ、「天上界」っていうのが何を言うかは分かんないけどさあ。中国大陸は大きいし、十四億いるからさあ、彼らにとっての天上界は何を意味してるのか、よく分からんけどさあ。

綾織　今は、台湾霊界《れいかい》にいるんですか。

蔣介石　うーん、まあ、そこ、結界《けっかい》があるわけよ、要するに。中国の結界みたいなのがあってね。今、習近平《しゅうきんぺい》が、「造神《ぞうしん》運動」をね、「神様になろう運動」をやって、展開中。ただいま展開中。毛沢東《もうたくとう》に続いて、ただいま展開中なんで。

綾織　はい。

蔣介石　ここはいったい、何と言うかなあ……、われわれから見りゃあね、暗黒の霧《きり》で囲まれた〝結界要塞《ようさい》〟が中国の上にあるわけよ。

綾織　ほう。それは、台湾からご覧になっているわけですね。

蔣介石　うん。

綾織　あ、なるほど。

蔣介石　（台湾）から見ればね。向こうから見たら、こちらはゴキブリが繁殖《はんしょく》してる国ぐらいにしか見えてないかもしらんがな。

綾織　ということは、「今、台湾をご指導されている」ということでよろしいんでしょうか。

蔣介石　まあ、今のところはそうでしょう。

綾織　はい、はい。

蔣介石　だから、中国に入《はい》れないんで。無神論の国だからね、君ねえ。私たちは、いちおう、形式上もキリスト教だからね、形式はね。李登輝だってクリスチャンだからね。うん。

綾織　はい。ええ。

蔣介石　いちおう、神は信じる国なんですよ、台湾はね。「神を信ずる民主主義」を目指す国なので、いちおう「西洋型」ではあるわけ。
日本のほうは、ちょっと、神を信じてるかどうか、今、怪《あや》しいけどさ。
共産主義は、「神のない民主主義」なんだろ?

綾織　そうですね。

蔣介石　「神のない結果平等民主主義」なんだろ？

綾織　はい。

蔣介石　うーん、あれとは違うわね。

「変節《へんせつ》ではなく、そのときどきの〝真実〟を生きているだけ」

釈　今、中国では、先ほどのお言葉にもありました「造神運動」が進められていて、「習近平主席を神として崇拝《すうはい》すべき」という考えもあるようです。

これに関し、例えば、日本でも書籍等を出されている黄文雄《こうぶんゆう》先生は、「（蔣介石を）神として崇拝《すうはい》すべきだったのだろうが、悪魔《あくま》にしか映らなかった」っていうことをおっしゃっていまして。

蔣介石　へへへへへへッ（笑）。黄文雄かあ。

釈　この運動の目的や、国民の反応、その後の運動の展開については、どう思われていらっしゃるんですか。

蔣介石　黄文雄は、しかしなあ、わしと同質の人間だぞ。そういう、二重性、三重性があって、分からない。なかなか如才《じょさい》ない、抜《ぬ》け目のない男だからさあ、あんまり信じちゃいけないよ。うん。都合《つごう》のいいことを言うからさ、そのときどきで。

綾織　やはり、「日本と台湾を結びつけたい」という、そういう気持ちだと思うんですけれども。

蔣介石　まあ、善意ならいいけどな。やつも屈折《くっせつ》しとるから。うーん。

釈　『蔣介石神話の嘘《うそ》』という本を書いておられます。

蔣介石　いや、「嘘」なんかありませんよ。嘘だと思うのは間違いで。だから、あれは、私が変節《へんせつ》しているように見えてるんだろうけど、それはね、諸《しょ》行無常《ぎょうむじょう》の流れのなかを流れているだけであってね、別に嘘なんかついてないです。そのときどきの〝真実〟を生きているだけであって（笑）。

綾織　そのときの真実は何ですか。

蔣介石　だから、流されるわけですよ、やっぱり、大きな、目に見えぬ力でね。

綾織　それは、「日本の天皇陛下《へいか》のようになりたい」といった、そういうことなんですか。

蔣介石　君らも国家の指導者をやってみたら分かるけど、どうしてもねえ、〝流れ〟があるわけよ。どうしても〝流れ〟があるわけで。

だから、中国に呑《の》み込《こ》まれないためには、台湾っていう一つの国、やっぱり、国としての何か独立性をつくらなきゃいけないわけで、求心力が要《い》るわけよなあ。

綾織　なるほど。

蔣介石　だから、毛沢東だって、向こうを張ってやっとるから同じなんだけどさ。

重ねて「二・二八事件」の責任について問う

釈　繰《く》り返しになるかもしれませんが、いわゆる「白色《はくしょく》テロ」、二・二八事件で、知識人階級の方々がそうとう殺されてしまったわけです。

そのことに関し、陳儀《ちんぎ》（台湾省行政長官　兼《けん》　警備総司令）からの報告を鵜呑《うの》みにして、過酷《かこく》な手段で台湾人を制圧したことに対しては、「自分の責任ではない」というようにおっしゃるのでしょうか。そのあたりについてはいかがでしょうか。今回の霊言《れいげん》を拝聴《はいちょう》する台湾の方もいらっしゃるかと思いますので。

蔣介石　他人《ひと》の領地を取り上げるんだから、それは、まあ、そういうことはあるだろうよ。

やっぱり、そうは言ったってさあ、遠慮してたら追い出されるじゃないの。そうしたら、もう、台湾海峡《かいきょう》のなかでボートに乗って住むしかないじゃないの、遠慮してたら。

綾織　ただ、今、振《ふ》り返ってみて、その事件への何らかのご反省は……。

蔣介石　それは、ちょっと恨《うら》まれてるのは、まあ、そうだけどな。うん。

でも、はっきりとした批判ではないとは思うんですよ。いちおう、蔣経国《しょうけいこく》の推薦《すいせん》で李登輝が上がって、あれしているから。台湾の歴史から見りゃあ、まあ、「蔣経国に比べれば、寛大《かんだい》でない、もうちょっと考えが硬《かた》い人だったのかなあ」みたいな感じで、李登輝とかは言っているんだろうとは思うけどね。

そりゃあ、ありましたよ。そういうことはあるけど、地元は、言えば、今の沖縄《おきなわ》みたいなもんで。沖縄みたいな感じだと、安倍《あべ》さんだって、だんだん腹が立ってくるだろう? なあ?「あまり言うんだったら、もう、自衛隊で占領《せんりょう》するぞ」って言いたくなってくるところはあるわね。ちょっとそんなようなところがあるからさあ。別に、沖縄は今、アメリカ軍がちょっと基地を移動させるだけの話で。これが、本土の人が来て入植するというんだったら、話は違ってくるわね。それで、上のほうを全部押《お》さえるとなったら、それは、抵抗《ていこう》運動が起きるだろうという。デモとかゲリラが起きるからさあ。それに対しては、警察とか自衛隊とかが必ず鎮《ちん》圧《あつ》に入るようになるしね。

だから、それは「統治の原理」だからね、やらなかったら、こっちがやられているのは間違いない。本土からは二百万しか行ってないからさあ。二百万人が指導し、押さえようとしているから、まあ、それは、「あまり民主主義的ではない」と言われれば、おっしゃるとおりかな(笑)。おっしゃるとおりだわな。そのへんがちょっと、〝私の評価〟をいろいろと複雑にさせている。

及川　なるほど。複雑なのはすごくよく分かりました。

蔣介石　ああ、そうなんだよ。そうなの。

及川　一般《いっぱん》には、「李登輝総統は台湾に対する思いがあるけれども、蔣介石総統にはなかった」と思われているようですが、それはちょっと違うのかもしれないということが、何となく分かってきました。

蔣介石　いや、もちろん、中国本土全体が欲《ほ》しかったからね。私の時代はまだ取り返そうとしていたから。反攻《はんこう》して、中国の本土を取り返さなきゃ。だから、「反撃《はんげき》して取り返す」って言っていたんだけど、だんだんに、みんなが「もう無理だ」って言い始めてきたからね。

6　日米中の動きに揺《ゆ》れる台湾《たいわん》の今後

蔡英文《さいえいぶん》・現台湾総統の〝中途半端《ちゅうとはんぱ》さ〟の理由

釈　では、これからの台湾《たいわん》の国としての方向性については、どうお考えでしょうか。いわゆる蔣介石先生の中華《ちゅうか》民国が中国の正統政権であり、「台湾、あるいは香港《ホンコン》等の自由な政体が中国を支配する方向に持っていくべきだ」とお考えなのでしょうか。

蔣介石　エヘヘヘヘ（笑）。党首の頭はシンプルだから、本当に話しやすくていいなあ（会場笑）。

釈　すみません（笑）。

蔣介石　もう、君の思うとおりに言ってくれたら、私の霊言《れいげん》をそちらに変えて、君が言ったことを私の霊言ということにして載《の》せたほうが、きっといいんじゃないかなあ。

釈　今、蔡英文《さいえいぶん》さんに関しては、どう見えていますか。

蔣介石　ああ、蔡英文ねえ。まあ、ちょっと〝中途半端《ちゅうとはんぱ》〟だな。ちょっと中途半端な感じかなあ。

民主主義も、本当は難しい問題があるからねえ。もう揺《ゆ》れて揺れて、いろいろあるんでなあ。

民主主義には、いいところもあるんだけど、悪いところは、やっぱり、「ポピュリズム」になるからさあ、みんなが票をくれる方向に、どうしても振《ふ》れるから。自分の主義・主張よりも、やっぱり票をくれるほうにやっちゃうところがあるので。その意味で、よく揺れるわねえ。

綾織　それは、「対中国で、もっとはっきりとものを言うべき」ということなんでしょうか。

蔣介石　だから、（蔡英文は）本当は、「はっきり独立して、国家として対等にやって、世界と国交を結ぶようなところまで行きたい」っていう気持ちも、なかにはあると思うんだけど。ただ、あまり言いすぎると中国を刺激《しげき》しすぎるから、「（中国と）一緒《いっしょ》になるかもしれない。ならないかもしれない」というようなことを言ったりしながら、時間を稼《かせ》いだりしているところがあるじゃない？

ま、ここが難しいところだよね。

北朝鮮《きたちょうせん》同様の毛沢東《もうたくとう》の「先軍政治《せんぐん》」が本当に正しかったのかを問え

蔣介石　結局、蔡英文より、もっと（前に）戻《もど》らなきゃいけないので。なんで、毛沢東《もうたくとう》のところがああなって、こちらがこうなったのかを考えると、こちらは、「自由」や「民主主義」の考えはあったし、「議会制」の考えもあったけど、毛沢東のほうは、はっきりと「先軍思想《せんぐん》」だっただろう？

綾織　はい。

蔣介石　先軍思想、要するに、これはもう、「民《たみ》が飢《う》えて死んだって構わない」って言うんでしょ？「金を注《そそ》ぎ込《こ》んで軍事を拡大してしまった者が勝ちだ」って。「軍さえ強ければ、国が護《まも》れるし、抑《おさ》えられるし、外国とも戦える」と、こういう考えでしょ？

で、それは、北朝鮮《きたちょうせん》がまさしく実際にやっていたことだよね？

綾織　はい。

蔣介石　だから、もし、先軍思想が勝ってしまうんだったら、（今の）日本なんか駄目《だめ》だよ。戦後の日本も駄目だろう。先軍思想じゃなかったわな。もう後手後手《ごてごて》だろ？　〝後手後手主義〟で、やむをえず、「どうする？」っていうようなのばっかりじゃない？

綾織　そうですね。

蔣介石　護衛艦《かん》を空母に改造するっていうのでも、日本のマスコミが批判したり、野党も批判したり、おそらく天皇陛下《へいか》もご批判されているんじゃないかと思うけど。

まあ、そんな空気じゃない？

これは、先軍思想の反対だよね。先軍でなくて〝後軍《こうぐん》政治〟だよな？　これね。〝後軍政治〟で、「経済だけ繁栄《はんえい》すればいい」っていう考えだよな？　だから、先軍政治をやったあと、鄧小平《とうしょうへい》が経済のほうに拍車《はくしゃ》をかけて、本来、両立するはずがないものを両立させてしまった不思議な政体だよね？　今はな。

綾織　はい。

蔣介石　これは、先、どうなるかは分からんけどなあ。

いや、君らに〝叩《たた》いてほしい〟のは、この先軍政治が本当に正しかったのか。それがやっぱり勝ちなのか。それは、結局、ヨーロッパの近代をつくった、軍事力を背景にした植民地主義の、「帝国《ていこく》主義的世界征服《せいふく》思想」そのものじゃないですか、ある意味でな。それに商業を一緒に連れてくるんだろ？　軍事に商業と、あとは布《ふ》教師《きょうし》もいたか。宣教師もいたかもしれないけど。
まあ、中国には宣教師はいないのかもしらんけど、共産主義っていうのが一種の「宗教の代替物《だいたいぶつ》」になっているからなあ。まあ、ここのところを整理しなきゃいかんわ。

「北朝鮮《きたちょうせん》あたりを料理できないようでは、中国はなかなか手強《てごわ》い」

蔣介石　要するに、台湾とかは、「自由」があったから「繁栄」もあって、まあ、貧富の差もあったけど、今の中国の現実は、貧富の差は、日本なんかより、もっとはるかに多いよ。

綾織　なるほど。

蔣介石　日本はカルロス・ゴーンみたいなのを捕《つか》まえたりしているけど、〝カルロス・ゴーン〟なんか、中国にはゴロゴロしているよ。要するに、実際に働きもせずに儲《もう》けたの？

綾織　そうですね。

蔣介石　習近平《しゅうきんぺい》だって、少なくとも何百億かは持っているのは、もう分かってるんだから。で、オーストラリアだアメリカだカナダだと、親戚《しんせき》にいっぱい貸して、金を逃《に》がしとるのよ。ほかの人もいっぱいだよ。市長ぐらいで何十億ぐらいは、もう、やれる。

「こんな国は腐敗《ふはい》している」と、普通《ふつう》は言うんだけど、腐敗をねえ、一掃《いっそう》しているように見せているよな？　清潔なように。で、習近平にはスキャンダルがないみたいに見せている。まあ、こういう「情報統制国家」だよな？

これにヨーロッパが騙《だま》されたりして、平気でやれているわけだからさ。

アメリカだって、ご機嫌《きげん》を伺《うかが》いながらやっている。トランプさんが、やっと、ちょっと喧嘩《けんか》を売ったりはしているけど。

綾織　トランプ大統領自身は、そこの本質のところには気づいていながら、対決を選んでいるのですけれどもね。

蔣介石　そうならいいと思うけどな。だけど、北朝鮮《きたちょうせん》あたりをあっさり料理できないようでは、中国はなかなか手強《てごわ》いぞ。

綾織　そうですね。

蔣介石　だから、台湾だって、どうなるものやら。まだまだ、先はやっぱり分からんな。

綾織　結局、「台湾の未来」というのは、日本もあるんですけれども、最後はアメリカの行動なんですが。

蔣介石　（トランプが）メキシコとの間に壁《かべ》をつくるっていうのだって、それは、あなた、台湾と中国との間に機雷《きらい》を敷設《ふせつ》するぐらいのものに近いだろうからさ。そんな簡単ではないだろうけどね。

いや、これは、もしかしたら、トランプさんは勇敢《ゆうかん》で、戦ってくれるような人かもしれないけど、商売人だから、損得を計算したら、あっさりと（台湾を）売り飛ばしてしまう可能性もないとは言えないので、根本的に全部を信頼《しんらい》することはできないなあ。分からない。

釈　例えば、年末あたりからも、トランプ大統領のアメリカは、また、台湾に対して非常に力を入れていこうと、武器の売却《ばいきゃく》等を行《おこな》っています。

蒋介石　まあ、そのへんはね、そのとおりだ。うん。だから、「〝アメリカの血〟が流れずに、〝台湾の血〟が流れて護る分には構わなくて、商売上、それで儲かるのなら別に構わない」っていうぐらいの感じには受けるけど、それ以上、やる気があるかどうかは分からないな。まだ分からないね。

台湾《たいわん》のために、日本が採るべき方向とは

及川　われわれ幸福実現党は、基本的に「親台湾《たいわん》」なんです。

蒋介石　親台湾？　ああ。なるほど。

及川　だから、台湾を護りたいほうなんですよ。

蔣介石　ああ、そうなの。君、そんなことを言うと、だから、「商鞅《しょうおう》の霊言」によれば、中国が攻《せ》め込んでくるんだよ。

及川　はい。それは分かっています。ただ、「日本としては、台湾のために何ができるだろう」というところをいつも考えています。

「日本からしてほしいこと」は何かありますか。

蔣介石　それは、安倍《あべ》さんでもちょっと逃げているんだろ？　例えば、李登輝《りとうき》が（日本に）来るときのビザを出すか出さないかなんかでも、けっこう揉《も》めたりしていたぐらいだから。人道的な面からはあれとか、「観光目的だけなら」とか、「政治目的は駄目」とか、まあ、ちょっと自由の国とは思えないようなあれだよなあ？

アメリカも、「●台湾関係法」か何かをつくったのかもしれないけど、中途半端だよなあ。「一つの中国」政策を認めるけど、「台湾関係法」をつくって、法律のレベルではちょっと関係するみたいな。いや、二股《ふたまた》みたいな怪《あや》しげな政策だよ。

両方とも弱いよなあ。だから、ちょっと残念だし。

日本は、今の憲法そのものがあれだから、「戦って護ります」みたいなことを言いたくたって、言えるはずもないレベルだから。

だから、大いに憂《うれ》えている。この〝後軍政治〟？ 先軍の反対の〝後軍政治〟、大いに憂えているんで。まあ、うーん、今のままだとちょっと無理かなあ。

釈 例えば、台湾と与那国島《よなぐにじま》などは、もう目と鼻の先で、肉眼で見えるような距離《きょり》です。台湾の安全というのは、それこそ日本の安全に直結します。

●**台湾関係法** 1979年4月に制定されたアメリカの国内法。1979年1月、カーター大統領と鄧小平《とうしょうへい》との交渉で米中の国交が樹立されたことに伴《ともな》い、断絶したアメリカと台湾との国交を維持するために制定された。アメリカは、台湾を国家と同様に扱い、1979年以前の条約等を維持し、防衛のための兵器を提供できるとしている。

蔣介石　もし、日本の与那国島が、中国にいきなり強襲揚陸艦《きょうしゅうようりくかん》で上がられて取られたとして、日本は何ができるか。戦争ができるか。本当に戦争をするか？　まずは国連安全保障理事会に訴《うった》えて、「国連で何かしろ」とか言って、あとはデモをしたり、まあ、そんなことはするかもしれないけど。じゃあ、「自衛隊を出してでも戦う」っていうところまで本当に決断できますか。で、戦って勝つ自信もありますか。このへんも問いたいね。まだそこまで頭が回っていないんじゃないかなあ。

及川　そうですね。

蔣介石　うん。いわゆる（日本映画の）「シン・ゴジラ」状態なんじゃないか。なあ？「官僚《かんりょう》会議ばっかりしていて全然進まん」っていう状態で、何とかして凍結《とうけつ》しようとするところで。

及川　その意味では、今、日本では、そういう軍事的なところで対抗《たいこう》することはできないんです。

蔣介石　できないねえ。

中国人全体に対して張られている「見えない蜘蛛《くも》の巣」

及川　今、教えていただいたとおり、そもそもの毛沢東の思想の誤り、例えば、先軍思想の誤りだとか、そういう思想的な部分で、国際社会に対してもっと打って出るというのは、やはり、必要なんでしょうか。

蔣介石　意外に、「情報統制力」がすごいからさあ。あれだけの大きな国で、情報がもっと漏《も》れてきていいはずだけど。まあ、北朝鮮もなかなか内情は分かりにくかったが。あれだけの国で、アメリカにも留学してる人がいっぱいいて、それを十分、登用しながら、「口封《くちふう》じ」だけはすっごいやってるから。

要するに、「経済的に繁栄するやり方だけは、やる」と。

だから、トランプさんが今、何か、私はよく分からんけど、何？　「知的財産権」か「使用権」か知らんけど、そんなのをテーマにして喧嘩を売ってるようだけど。まあ、それを盗《ぬす》みに来てんだろ？　留学でいっぱい来て、盗んできてるんだろうし、米国企業《きぎょう》にも就職したりして、盗んで帰ってきてるんだろうと思うけど。それを問題にして、「ボロ儲けしてる」と言って責めてるところなんだろうと思うけど、これをどこまでやるかは分からんな。

で、中国人全体に対して、「目に見えない蜘蛛《くも》の巣」みたいなのが、全部、張ってるのよ。

綾織　はい。

蔣介石　あれだけねえ……、だから、今は電子機器のメーカー等もいっぱい製品をつくってるしね、携帯《けいたい》の普及率《ふきゅうりつ》もけっこう高いし、スマホも使ってて、それでも情報統制ができて、ねえ？　外国には違《ちが》う情報を一生懸命《いっしょうけんめい》、見せて、流してる。

国内で年間、十万（件）以上も暴動が起きても……、日本だったら大変だろう？　十万件以上、暴動が起きたら、もう、テレビで毎日、報道だろう？　そうしたら、政府はすぐ瓦解《がかい》でしょう。十万（笑）、十万件も暴動は起こせないわねえ。暴動の二つ、三つ起きたら、もう潰《つぶ》れとるでしょう。政府は交代になってると思うけど。

いやあ、それを踏《ふ》み潰していくだけの力があって、「情報統制力」がある。

中国の「ＭＯＡＢ（大規模爆風爆弾《ばくふうばくだん》）実験」が意味すること

蔣介石　あと、今、宇宙からまで支配……、「情報支配」と「宇宙からの攻撃《こうげき》」と、両方、目指してるでしょ？

「先軍思想」が、さらに宇宙まで今、行《い》ってるから。

綾織　習近平国家主席は、「台湾に対する武力侵攻《しんこう》を放棄《ほうき》していない」と、最近も明言しています。

蔣介石　（放棄）してないよ。

綾織　今後、台湾の方々も、この霊言を聴《き》かれると思うのでお伺いしますが、台湾は国として、どういう方向で決断して、行動していけばよいと考えられていますか。

蔣介石　うーん、アメリカがさあ、アフガニスタンかなんかで使った……、ＭＯＡＢ弾（大規模爆風爆弾《ばくふうばくだん》）か？　五百メートル四方ぐらいの酸素が一気になくなって、生き物が何もいなくなるっていうような巨大爆弾《きょだいばくだん》だよな？　あれを、この前、中国が実験して見せたよな。

綾織　はい。

蔣介石　核《かく》兵器だと国際的批判がけっこう強いけど、こういう〝巨大爆弾〟があるということを言ったよなあ。

だから、「いざというときは、おまえらを皆殺《みなごろ》しにできる」という意思表示でしょう？

しかも、反対しているやつのところにだけ落としてもいいし、核の汚染《おせん》がないから、「その後の台湾は、われわれが自由に使えるぞ」と。まあ、こういうことだろう？　香港だって同じだわな。

あれ、威嚇《いかく》してるよなあ、ちゃんとなあ。

綾織　はい。

蔣介石　もう、対アメリカの威嚇はどんどん進んでるし、さらに、宇宙からも含《ふく》めて、あと、電波攻撃をそうとうやる気でいるから、ここんところに対応できるかな？　ほんとに。

日本なんか、安倍さんなんかさあ、どうせ、「消費税は今、端数《はすう》が出て、『五円玉、一円玉を使ってやらなきゃいかん。うっとうしいなあ』とみんな思ってる」と思って、「中国のまねをして、もう全部、電子マネーにしてしまえ」って言って、進めてるじゃない。電子マネーにしたら、小銭《こぜに》が分からなくなるからさあ、自分が使ってるのが分からないし、消費税もよく分からなくなるんで、勝手に計算してるだけだから。

だけど、全部、電子マネーにした場合、中国からの電子攻撃に、日本経済が耐《た》えられるかどうかは、まだ分からないわなあ。

台湾《たいわん》が次に突《つ》きつけられる〝踏《ふ》み絵〟

綾織　来年（二〇二〇年）の台湾《たいわん》総統選で、蔡英文さんが再選できるかどうかがかかってくるわけですけれども、まあ、蔡英文さんか、その後の政治家なのか分かりませんが、台湾の政治家、総統になるような方にアドバイスされるとしたら、何をアドバイスされますか。

蔣介石　だから、次に来るのは、「民主主義か、それとも集団自殺か」みたいな感じの〝踏《ふ》み絵〟が来る可能性はあると思う。たぶん、「民主主義を取るのか、皆殺しにされたいか」みたいな感じの脅《おど》しは来ると思う。

まあ、これはちょっと、「北朝鮮の始末《しまつ》」なんかも、「アメリカがどう始末するか」なんかも関係はするとは思うんだけど。

赤子《あかご》の手をよじるように、北朝鮮を簡単に片付けてしまえるようだったら、まだ「アメリカ恐《おそ》るべし」だろうけど、北朝鮮あたりで互角《ごかく》に何か話し合いして、譲歩《じょうほ》？　五分五分《ごぶごぶ》の譲歩を、交換《こうかん》条件でやらなきゃいかんようだったら、「アメリカ弱し」と見るわなあ。「アメリカ人の人命が惜《お》しくて、戦いたくない」と見るわな。

綾織　うーん。

蔣介石　それで「弱し」と見たら、朝鮮半島をまた中国の支配下に入れようとする考え方も、おそらく入ってくる。「ベトナム化する」っていうような、「共産主義で支配して、経済だけ自由にすりゃ、中国と一緒になれる」と。こうやって、もし、韓《かん》半島を中国化することに成功したら、台湾だって、「もう政治のほうは捨てて、経済だけを取ったらいい」っていう考えで来るだろうねえ。

だから、これ、なかなか手強《てごわ》いよ。相手は手強い。いやあ、先軍政治というか、人を殺すのを何とも思ってない国っていうのは、けっこう怖《こわ》い。怖いよ。

君たちの、日本のいちばんの問題はね、まあ、一回の敗戦ですごくダメージを受けたんだろうけども、「もう二度と戦いはしません」とか、一生懸命、誓《ちか》ってるんだけど、「戦いはしません」は、要するに、「日本が戦いません」と言っているだけで、「外国が戦うこと」について、何も言っとらんじゃない。やっぱり、「外国もするな」と言わなきゃいけないけど、外国のほうは関係ないんで。

そういうところで、戦いを本職にする国が出てきた場合、それでは普通は護れない。ジャンヌ・ダルクが出てきて、まあ、けしかける以外、方法はないわなあ。それは危機だよ。ある意味でのな、フランスみたいな。

7　中国経済、崩壊《ほうかい》度の実態

「包囲網《ほういもう》をつくっても、日本が弱くてはどうにもならない」

及川　それほど先軍政治が復活している今の中国ですが、一方で、「経済は崩壊《ほうかい》に向かっているのではないか」と言う方もいます。

これについては、いかがですか。

蔣介石　まだ、去年一年だけでしょ？　ちょっと陰《かげ》ったのが。まだ分からない。まだ分からない。

ほんとにねえ、あそこまで無残なことがありえるのかねえ。中国が百倍も経済が発展して、日本が二十年も三十年も発展しないなんて、こんなことがありうるんかね、ほんとに。私も信じられないんだけどねえ。これ、何の間違《まちが》いが起きたんだい？　こんなことってあるかねえ。

綾織　ある意味で、（日本で）社会主義的なものが常識的になってしまっているところはあります。逆に、中国の考え方が入ってきているところがあります。

蔣介石　まあ、「社会福祉《ふくし》思想」が〝共産主義の代わり〟になって、バラマキをやって、働かない者がのうのうと生きてて、働く者が損する社会に、日本がなってきてるんじゃないの？
だから、実際は（中国と）一緒《いっしょ》になってきてるんじゃないの？

釈　まさに、日本の政治が台湾《たいわん》を切ったあたりから、実質上は、中国とのつながりを深めていく流れができてしまったところがありますので、「日中国交正常化というのは、そもそも、どうだったのだろうか」と。あと、与党《よとう》のなかに公明党がおりますけれども、中国とのつながりをいまだに誇《ほこ》りにしているようなところもあります。

蔣介石　そうだね。

釈　このあたりの転換《てんかん》を、私たちも図《はか》っていかなければいけないなと思っております。

蔣介石　まあ、今、言った、アメリカが中国を〝抱《だ》き込《こ》む〟ことによって、ソ連との冷戦に対抗《たいこう》しようとして、要するに、共産圏《けん》を弱くしようとした。まあ、懐柔《かいじゅう》したわけだよな、ある意味。

そういう意味で、経済的発展を約束したわけよ。「手助けする」と。中国の輸出を許して、「経済的に発展させて、豊かにしてやるぞ」ということで、懐柔した。経済のほうを優先させることで、政治的なものを弱くして、かたちだけにして、ソ連の脅威《きょうい》を弱めようとしたけど。

今、やろうとしてるのは、「ロシアと平和条約を結んで、中国包囲網《ほういもう》をつくろう」とする、もう一つの動き、あなたがたがやってる動きだわな。まあ、これが今、一つの方法だわな。

一つの方法ではあるが、これだけでも、いちばんの利害関係がある日本がね、やっぱり、ちゃんとした、自分の国は自分で護《まも》れるぐらいの国家になってなければ、あるいは、友好国は護れるぐらいの国家、普通《ふつう》の国になってなければ、包囲網をつくったところで、結局、日本のところが〝いちばん弱い〟っていうんじゃ、どうにもならないことにはなるわなあ。

釈　今日は、先軍政治に対する〝後軍政治《こうぐんせいじ》〟という一転語《いってんご》も頂きました。

蔣介石　台湾が中国から侵略《しんりゃく》を受けたらさあ、やっぱり、日本は、中国内部の基地等をミサイルで叩《たた》くぐらい、そのくらいできるぐらいの力を持っていなければ、自分の国も護れない、やがてはね。結局、一緒だと思うなあ。

釈　自分の国も護れないようでは、尖閣《せんかく》に上陸されても……。

蔣介石　しょうがないし、「宇宙」も、すごく後《おく》れてるよな？

釈　そうですね。

蔣介石　（宇宙に）人を送ることさえできないでいる。

釈　多少、サイバーのほうで、日本も進展が見えてきているようではあります。それにしても、やはり、憲法改正もできないようでは……。

蔣介石　いやあ、これは遅《おく》れたねえ。台湾でも、憲法改正は、何度でもやってるぐらいですから。「自分の国を護る」ということを、もうちょっと真剣《しんけん》に考えたほうがいいんじゃないか。能天気に、島国根性《こんじょう》で「大丈夫《だいじょうぶ》だ」と思ったけど、まあ、船で来るのが大変だった時代は、島国は安全だったかもしらんが。今は、船で来るわけじゃないからね。空中をミサイルが飛んでくるし、さらには、電磁パルス攻撃《こうげき》とかさあ、人工衛星からのミサイル攻撃とか、こんなのが来る時代だからね。

アメリカ軍が、本当に、あの沖縄《おきなわ》みたいな現状を見ながらねえ、まあ、あれは、アメリカでも放映されてるはずだからね。沖縄みたいな現状を見ながら、本当に血を流して日本を護ろうとするかどうか。

米軍基地の撤退《てったい》？　まあ、トランプさんも、今のところ強気でやって、あなたがたの意見に近いようには見えるけど、もともとが商売人だからさあ。「米軍の撤退？　いやあ、費用がかかりすぎるから、そのほうが利益になるならいいですよ」って判断する場合だって、ないとは言えない。いちおう、五割はそう考えといたほうがいいよ。ほんとにグアムまで撤退する可能性はあるよ。ないとは言えない。「グアムからでも、いざというとき攻撃ができるし、日本ではこんなに反対が多いし、金はかかるし、日本人は何を考えてるか分からないし」みたいな感じだったらな。

だから、幸福実現党が公明党の代わりにでもなっとりゃ、もうちょっと発言力があって、いいんだけど。

公明党は、もう、中国との国交回復を死守して、それを唯一《ゆいいつ》の、何て言うか、〝金メダル〟にして、やり続けてるからなあ。

綾織　そうですね。

蔣介石　でも、いずれ、もうちょっとしたら崩壊するから。創価学会《そうかがっかい》と公明党に、今、亀裂《きれつ》はそうとう入ってきてるので。創価学会は内部洗脳型だけど、公明党は外に合わさないと、もううまくいかないので、けっこう日和見《ひよりみ》してやってるから。いずれ、これは、もうすぐ分裂するとは思うけどね。

「今、日本が持つべき長期国家戦略」とは

釈　日本の国内には、「中国が豊かであれば、その豊かさを護りたいがために、外に敵をつくることはないんだ。逆に、中国の経済を締《し》めつけることによって、打って出るようなかたちになりやすいので、今のままの経済状況《じょうきょう》が続くよう、日本も仲良くしておいたほうがいいんだ」というようなことをおっしゃる方もいます。中国の国としての性質というのは、どう考えるべきでしょうか。

●**長期銀行**　長期信用銀行のこと。長期信用銀行法に基《もと》づいて設立された民間金《きん》融《ゆう》機関で、日本興業銀行、日本長期信用銀行、日本債券《さいけん》信用銀行の３行があった。設備資金、運転資金を長期で貸し付けることを主たる業務としていた。バブル崩壊により、不良債権を抱えた長銀と日債銀は、1998年に経営破綻《はたん》した。

蔣介石　（中国は）アメリカにもそうとう食い込んでるからねえ。「アメリカ国債《こくさい》を売り飛ばしたらどうなるか」から始まって、けっこう揺《ゆ》さぶる力は持ってるからね。日本はね、今、やるべきことは……。まあ、九〇年代にね、長期銀行を閉鎖《へいさ》してしまって、市中銀行というか都市銀行だけにしたけど、あの策は間違いだったね。

綾織　うーん。

蔣介石　長期銀行は、本当は、今こそ必要だったんで。これだけ金融《きんゆう》が〝ダブついて〟いるゼロ金利のときに、もし、「日本の友好国にしたい国にどんどん長期的な支援《しえん》をして、インフラづくりをして国を発展させて、日本の味方になる国をもっとつくれる」という国家戦略を持っていれば、「一帯一路《いったいいちろ》」に対抗できる可能性はあったけど、弱いねえ。とても弱いので。まあ、ここの

●一帯一路　中国の習近平国家主席が推進する「陸のシルクロード（一帯）」と「21世紀海上シルクロード（一路）」の２つの経済・外交圏構想。関係国に道路や鉄道、港湾、通信網などのインフラ整備を行い、新たな経済圏の確立を目指している。

考え方がもうちょっと足りないんだろうと思うがな。
安倍《あべ》さんのほうは、小手先《こてさき》でさあ、消費税を十パーセントに上げたり、ちょっと還元《かんげん》するのをコチョコチョ、コチョコチョ言ったりする、そういうやつとか、電子決済にして、一円玉が出ないようにして、国民に見せないようにしようとするとか、こんなようなことばっかりやってるけど。今、やるべきことは、本当は、日本になびいてくるマレーシアとか、フィリピンとか、アフリカの国もあるし、いろんなところに長期型の構想を立てて、親日国を増やしていくことをやらなきゃいけないんだと思うよ。

及川　今、言われたのは、長期銀行というのは、日本の国内だけではなくて、アジアのためにもそういう策を……。

蔣介石　国内を〝ダブつかせ〟たって、もう全然、動かないじゃない。みんな、起業もしなければ、財布《さいふ》をしまってるじゃない。消費しないよ。消費税を上げたって、消費は増えない。

対中戦略を踏《ふ》まえた政治と経済の「日本発の試み」が必要

及川　その場合は、「円」は強いほうがいいんですね？

蔣介石　もうちょっとでドルに並ぶところまで行ったところで潰《つぶ》されたからさあ。グローバリズムっていうもので、ぶっ潰されたんだろう？　日本の金融機関を潰す目的を、向こうは持ってたからさあ、ぶっ潰してしまった。そしたら、企業《きぎょう》のほうも潰れて、中国に逆転されちゃって。

その間には、中国温存《おんぞん》政策はあったし、韓国《かんこく》もウォンの危機もあったので、ここのところ、経済と政治のところを、どういうふうに運営するか、もう一段考えないと。これは、日本発の試みをしないと駄目《だめ》なんじゃないかね。

釈　日本の財界も、昨年（二〇一八年）、安倍首相と五百人ぐらいの財界人が中国に行きまして、「一帯一路」がビジネスチャンスのような考えで、中国に擦《す》り寄っていってしまっているような状況です。日本の銀行も「パンダ債」という、元建《げんだ》てでお金を調達したりする動きもあります。

そうした日本の財界へのメッセージといいますか、「危ないよ」ということを教えることができれば……。

蔣介石　うーん、（中国の）人口に惹《ひ》かれているんだよな。「人口」と「発展速度」に惹かれている。

だから、「中国が世界一の大国になるとしたら、ここの取引を密にしておかないと、損だ」という考えで動いているんだろうけど、やはり、国防上の危機は考えなきゃいけない。向こうの考えていることから見れば、ヨーロッパがかつてやったように、近隣《きんりん》諸国を逆に植民地化していきたいと思ってると思うよ。それが悪いことだとは思っていないと思うよ。自分らは、いっぱいやられたんだから。アヘン戦争以来、ヨーロッパに侵食《しんしょく》され、最後は、日本にも略奪《りゃくだつ》をいろいろされたんだから、今度は、たまには復讐《ふくしゅう》で、ザーッとやってやりたい気持ちがある。

昔の大きな中国っていうか、中華《ちゅうか》圏に朝貢《ちょうこう》外交をさせたい。だから、「EUなんか、何するものぞ」っていう感じ？　アジアからアフリカあたりまで、ヨーロッパも、全部、〝朝貢国〟にして、実は、中国の債務攻《ぜ》めにして、奴隷《どれい》支配してやりたいと、たぶん思っているだろうから、(日本には)「国家戦略」が要《い》るよ。

綾織　うーん。

蔣介石　経済発展も大事だよ。だから、君らが、「消費税上げで、経済発展の速度が遅れた」って言っているのは、それは正しいけど、それだけではまだ小さいよね。

もっと大きな経済発展を目指すべきであったんではないかね。

8　中国の戦争計画にどう対抗《たいこう》するか

「新しい神が立つか、無神論に押《お》し流されるか」の戦い

綾織　ちょっと台湾《たいわん》の話に戻《もど》りますが、「中国に植民地化されてもいい」というような考え方を若干《じゃっかん》持っていると思われるのが、国民党のほうです。蔣介石さんは、そのトップでいらっしゃったわけですけれども、今の台湾の国民党については、どのように思われていますか。

蔣介石　今、何て言うか、「北朝鮮《きたちょうせん》が韓国《かんこく》と一つになるかどうか」っていう、歴史的な時期が迫《せま》ってきているわけだけどね。

アメリカはベトナム戦争を二十年戦ったけど、結局は共産圏《けん》が勝った。だけど、

（ベトナムでは）自由主義経済が始まって、一九九五年以降、アメリカとも良好な関係を築いている。

あんなのでいいなら、「政治的なものは、薄《うす》くてもいいか」という考えもちょっとはあるから、「台湾がもし取られて共産主義の国になったとしても、経済が自由主義経済になれば一緒《いっしょ》じゃないか」という考えもあって。

そしたら、「日本も、社会福祉《ふくし》とか言うけど、ある意味では、共産主義にしても一緒じゃないか」というのが、もし来始めたら、いや、怖《こわ》いことは怖いですねえ。勝てるかな？　これに勝てるかな？

だから、日本に「新しい神様」を立てようとして頑張《がんば》っとるんだろうけど。

綾織　はい。

蔣介石　新しい神様が立つか、そういうものは無神論に押《お》し流されるかの戦いだわな。だから、善悪を判断するとしたら、「神は、いるのかいないのか」、「あの世は、あるのかないのか」、「人間に魂《たましい》は、あるのかないのか」。結論は、どちらか一つだよ、な？

綾織　はい。

蔣介石　「正しいほうが正義なんだ」というものを立てなければ、この世だけの論理だと、もう分からないね。

李登輝《りとうき》氏から大川隆法に贈《おく》られた映像

及川　その台湾の人たちのいろいろな考えのなかで、やはり、改めて、「この李登《りとう》輝《き》氏という存在が、どう評価されるか」ということを考えなければいけないのではないかと思うんです。それで、実は、われわれの仲間というか、われわれの知り合いに、日本人の映画監督《かんとく》で、李登輝氏についての映画をつくった人がいるんですよ。

蔣介石　うん、うん、うん。

及川　「哲人王《てつじんおう》～李登輝対話篇《へん》～」という映画なのですが、昨年につくられて、国連のジュネーヴ本部やアメリカで上映され、すごく評価されました。

蔣介石　うん、うん。

及川　その映画のメッセージは、「台湾というのは、独立国である。決して、中国の一部ではない」と。

蔣介石　うん、うん、うん。

及川　「一度も中国に支配されたこともない」と。

蔣介石　うん。

及川　それが意外と知られていないので、日本人でありながら、「何とか台湾のために」と思って映画をつくっている、園田映人《そのだひでと》監督という人がいるのです。
　台湾の人たちには、この李登輝さんの存在があまり評価されていないというようような話もあったのですが、李登輝さんの存在を、もう少し、生きていらっしゃる間に世界に発信できないかなと思うのですが、どうでしょうか。

蔣介石　うーん。石垣島《いしがきじま》で、何か、名刺交換《めいしこうかん》だけはしたとかいう話……。

釈　石垣島での李登輝さんの講演（二〇一六年七月三十一日）では、少しご挨拶《あいさつ》をさせていただきました。そのときの講演では、中国の「ち」の字もありませんでした。ところが去年（二〇一八年）の六月二十三日、沖縄《おきなわ》の糸満《いとまん》市で講演をされたときは、九十五歳《さい》のご高齢《こうれい》であられるのに、両脇《りょうわき》を抱《かか》えられながら演台へ上がり、火を吹《ふ》くような迫力《はくりょく》で中国の批判をガンガンされました。「これは遺言《ゆいごん》代わりなのか」というような気がして、ちょっと息を呑《の》むような、すごいお姿で感動しました。

蔣介石　あなたが言った、その「哲人王」の……、DVDかな？　ビデオか？　大川隆法さんも観《み》てるよ。

及川　観ておられるんですね。

蔣介石　うん。李登輝さんから贈《おく》ってきているから（注。李登輝氏から大川隆法宛《あ》てに同氏の生涯《しょうがい》を描《えが》いたＤＶＤが贈呈《ぞうてい》されたことを指す）。

釈　それは、「哲人王」とは違《ちが》うものかもしれませんね。

蔣介石　ああ、それとは違うものなのか。

及川　ええ、違うものです。もう一つ、似たようなものなんですけど。

蔣介石　別のがあるのか。ああ、そうか。ふーん。

まあ、とにかく、彼も、神にはなり損《そこ》ねたな。もうちょっとな。だから、独立戦争でもするか、何かもっと積極的な独立運動を、本土に対してアピールしておれば、神になれた可能性があるけど、「あまり強く言いすぎると、（中国を）刺激するかな」みたいな時期がやや長かったからさ。そこがなり損ねた部分で。

まあ、厳しいですねえ。先は厳しいねえ。

だから、「台湾のために日本人が血を流してくれるか」と言ったら、沖縄のためでも、「最後は沖縄は見捨てられた」と言って、あれだけ怒《おこ》ってるぐらいだからなあ。どうかなあ?

中国の「二〇五〇年までの六つの戦争」にどう対処するか

釈　ただ、これからの流れとしては、台湾統一のために中国が仕掛《しか》けてくる可能性もありますし、また、中国のほうでは、●二〇五〇年までに、一説によると「六つの戦争」を計画しているというようなことを……。

蔣介石　六つ……。ハハハ（笑）。

釈　軍の幹部が、中国のメディアで述べておりました。

● 2050年までに……　2017年の共産党大会の閉幕後、政府系機関主催のシンポジウムで発表された「中国近未来の６つの戦争」では、かつて中国の領土だったと考える台湾や南シナ海、尖閣《せんかく》、モンゴル等を“奪還《だっかん》”することを視野に入れた未来予測が明かされた。

蔣介石　六つね。

釈　まず、「台湾統一」。次が、「南シナ海諸島の奪還《だっかん》」。

蔣介石　うん。台湾統一、南シナ海……。

釈　「南チベットの奪還」。

蔣介石　南チベットの……（笑）。

釈　ええ。次に、「尖閣《せんかく》および沖縄奪還戦争」があり、「外モンゴル統一戦争」があり、「ロシア占領地《せんりょうち》の奪還戦争」があるということです。同じような危機を共有している国々がたくさんありますので、そういう大きな流れのなかで、中国を退《しりぞ》けていくような動きを、ぜひつくっていきたいと思っております。

蔣介石　まあ、中間的に言うとすれば、いちばんいいのは、中国の一党独裁型の政治体制が内部的に壊《こわ》れて、民主主義政体に移ってでも、国家が維持《いじ》できるようになることだ。それが、いちばん、本当は望ましいことだから。

台湾や香港《ホンコン》あたりの考え方が、もうちょっと本土のほうに広がって、考え方として、そうした人権をもうちょっと護《まも》れるような……。

要するに、アメリカの考える民主主義は、やっぱり、人権っていうのは「目的」に近いんだと。人間が「目的」なんだと。

「政治制度、国のために人間がある」っていうことを、戦争中の日本も思っていたけどね、「国のために、あるいは、天皇陛下《へいか》のために（人間が）ある」と思うとったけれども、そうじゃなくて、やっぱり、人間が「目的」で、そのための「手段」としての民主主義なんだ。
　そういうふうに、「言論の自由」や「職業の自由」や「行動の自由」、「通信の自由」、いろんなものを含《ふく》めて、人権思想が当たり前に入ってこないとね。中国の国内法を、国際法のように彼らは思っとるからさあ。ここは何とか破らなきゃいけない。ゴルバチョフのソ連で運よく起きたことを、中国でも起こさねばならないと思うけどね。

釈　台湾でも、「ひまわり学生運動」が起きて、今は「時代力量《じだいりきりょう》」という若い方々を中心とした新しい政党も立ち上がっています。こうした新しい動きなども、ご覧になったりはしていらっしゃいますか。

蔣介石　まあ、細《こま》かい動きは、私はようは知らんけど、ただ、物理的な力関係で言うと、二〇五〇年までの彼らの軍事的な計画から見れば、台湾なんか、最も手ごろ

●ひまわり学生運動　2014年3月18日、台湾において、中台間の「サービス貿易協定」を強行採決しようとする与党・国民党に反発した学生たちが立法院に突入し、本会議場を占拠した。多数の市民の支持も集まり、与党側は「審議のやり直し」等の要求を受け入れた。議場に置かれた「ひまわり」をシンボルとしたことが名前の由来。

な、いちばん最初の目標だろうな。もし、周りのヨーロッパやアメリカから文句《もんく》を言われても、「もともと（台湾は）中国だもん」って言って、言い逃《のが》れて、「介入《かいにゅう》してくるほうが、侵略者《しんりゃくしゃ》だ」みたいに、あの口だから言い返すわな、完全にな。だから、（台湾は）いちばん最初のターゲットになるかもしれないし、それは、尖閣も沖縄も分からんけどね。

いっそのこと、みんな裕福《ゆうふく》になってしまえば、戦う気がなくなる可能性も確かにないわけではないんだけど、貧富の差が、なかにはかなりあるからね。だから、習近平《しゅうきんぺい》だって、ああやって言いながら、もう、暗殺未遂《みすい》は何回もあるからね。独裁者と言いつつも、怖いところはあって、代わりはいくらでもいることはいるから、やられる可能性もないわけではないので。

まず、「思想戦」は必要だし、あちらが六回も戦争を考えているとかおっしゃるんだったら、日本も「戦艦大和《せんかんやまと》と武蔵《むさし》を、もう一回復活」とかさ（笑）。やっぱり、いちおう機動部隊を復活とかさ、多少は、お金の使い道がないなら、そのくらいや

ってもいいんじゃないのかねえ。いや、余計、戦争になるかどうかは知らんけど
さ。外国から移民をいっぱい受け入れて、彼らを軍人に教育したらいいんじゃない
の？　何か、ちょっと人口が足りないんだろうからさ。

中国の内部では「最大の黄金期」が来るように見えている

綾織　そろそろ……。

蔣介石　ああ、そうか。具合の悪い話になってきたな。

綾織　いえいえ、とんでもないです。
大川総裁の最初の解説にもあったのですが、蔣介石先生には、ちょっと分かりに
くいところが……。

蔣介石　いやあ、分かりにくいと思うよ。私もそう思うから。

綾織　お話を伺《うかが》っていると、確かに、「三民主義」で、考え方としてはしっかりされているんですが、「それが現実にどう展開したのか」というのは……。

蔣介石　だから、悔《くや》しさは一つあるんだよ。

だからさ、やつらの中華《ちゅうか》人民共和国は、悪魔《あくま》が入ってやっているとは思うけれども、その十四億の大国を一つにまとめて、経済的に百倍か何か知らんけど、日本を抜《ぬ》くまでの成長をしたと言うんだったら、それは「支配者たちが優秀《ゆうしゅう》だ」という結論になるわけよ、このままでは。

それで、外から見れば、それは悪魔に見えるが、内部的に見れば、「それで国力が充実《じゅうじつ》して、軍事力も充実して、近隣《きんりん》の国まで侵略して取れて、植民地にできる」と言ったら、超《ちょう》発展しているということで、かつての大英帝国《ていこく》みたいな存在になることを意味しているから。

それは、国史的に見れば、要するに、中国史的に見れば、今、中国の〝最大繁栄《はんえい》期《き》〟が来ようとしているように、彼らには見えているわけです。唐《とう》の時代を超《こ》えた、最大の黄金期が来ようとしているように、彼らには見えているので。

これを、「失敗した」と証明することが、今、できないでいるから、「やっぱり、悪魔も頭がいいのかな」と言うしかないんで。「神がいないほうが発展するのかな」とか、こういう疑問が湧《わ》いてくるわけで。

「アメリカは、〝頭の弱いキングコング〟みたいなところがある」

及川　ただ、それが、彼らだけの力でそうなっているなら、まだ分かるんですけど、そもそも、最初に中華人民共和国ができたころには小さかったはずの中国共産党が、なぜ、こんなに大きくなってしまったのか。

蔣介石　うーん。

及川　どうも、彼らだけの力ではなくて、アメリカとか、ほかのところからの力もあるので、要するに、「今の中国をつくったのは、誰《だれ》なんだ?」という、このあたりを……。

蔣介石　それは、アメリカの読み違えはあったと思うよ。でも、そのあとすぐ、●マッカーシズムが吹《ふ》き荒《あ》れて、「赤狩《あかが》り」がアメリカでも始まっているからね。まあ、アメリカっていうのは、〝頭の弱いキングコング〟みたいなところがあるんだよ。力は強いんだけど、頭の回りがちょっと悪くてね、血が回らなくて。「マッカーシズムをやるぐらいなら、反共にちゃんと賛成しろよ」って。

及川　最初から、そうしていればよかったんですね。

●マッカーシズム　拡大する共産主義への懸念から、1950年代に、アメリカ上院議員であるジョセフ・マッカーシーを中心に行われた反共産主義運動。赤狩り(Red Scare)とも称される。共産主義者と疑われた政治家や文化人が攻撃された。

蔣介石　そう、そうそう。そうすれば、はっきり分かるのにさ、（共産主義が）あんなに危険なものだって。

要するに、朝鮮戦争をやって分かったんだ。朝鮮戦争をやって、〝引き分け〟で、なかで線を引いたのを見れば、これは勝てなかったんだろう？　次に、ベトナム戦争を二十年やって、今度は〝負け〟たんだろう？

だから、この痛手《いたで》はけっこうあるんだよ。

及川　うーん。

蔣介石　だから、今、アメリカは、「地上戦を含めた中国との戦争を避《さ》けたい」っていう気持ちがある。

だから、（中国を）経済的に〝太らせた〟けれども、「最後は、これと対決する気があるか。それだけの信仰心《しんこうしん》なり神の正義なりが、アメリカにあるかどうか」っていうのは、極《きわ》めて厳しい。

まあ、トランプさんは、「神のためにやっている」という気持ちは持ってはいるけど、アメリカの大統領は、四年二期までしかないからね。

だから、オバマさんだって、神様の名前を呼んでいたかもしらんけど、勝てるかなっていう。「神のない国のほうが強い」っていうのは、昔もなかったわけではないんです、こういうのは。

「ただただ軍隊が強くて、占領していく」っていうのはあって、そういう場合、その支配者は、自分が〝神〟になっちゃうんだよ、たいていの場合。それを、中国は狙《ねら》っているから。

カント以降の近代合理主義が、無神論として完結する可能性

及川　そういう意味では、今日の「蔣介石総統の霊言《れいげん》」はおそらく本になって、大

川隆法総裁のご著書として発刊されると思いますが、日本人は、今、「北朝鮮はトランプさんが何とかしてくれて、中国は安倍《あべ》さんが仲良くなって」と、何か、さらにまた平和ボケになりつつある状況《じょうきょう》です。

蔣介石　いやあ、できないだろうね。北朝鮮はアメリカ任せ？　そして、結果がベトナムみたいになったら、また仲良くなれるかもしらんって考えて、中国のことは、自分では何もできなくて。

中国は、ヨーロッパのEUを取りにかかっているから、メルケル（ドイツ首相）も、この前、（日本に）来てたんだろう？　だから、取りにかかってきているので、中国の掌《てのひら》の上に全部乗せられるかどうかが、かかっているわけだ。

もしかしたら、本当は、カント以降の近代の哲学、〝神様の首を斬《き》る〟哲学が、信仰のほうを実は切ってきて、「合理主義」が、最終的な形態としては「無神論」として完結して、「この世的な繁栄だけのもの」に全部完結していく可能性はあると思えるな。
これに勝てるだけの神学《しんがく》論争が、君らにできるのかどうか。
釈　いやあ、今日、お話を伺って、イメージがもう百八十度変わりました。
蔣介石　ああ、そうなの？
君、中国語の勉強しながら、そんなイメージを持ってたの？
釈　いやいやいや（笑）。
蔣介石　どこの中国人に習ってたんだよ。
釈　すみません。単純な頭で、本当に恐縮《きょうしゅく》なんですけれども（笑）。

蔣介石　それは、とってもよく分かる、単純なのは。

釈　ええ。

9 蔣介石、その転生《てんしょう》の軌跡《きせき》

明治維新《いしん》や明治政府で活躍《かつやく》した人たちとは仲間

綾織　ただ、やはり、政治家としては、「結果責任」という部分がいちばん大きなところでして……。

蔣介石　うん、ある。

綾織　おそらく、あなたは台湾《たいわん》の霊界《れいかい》にいらっしゃると思うんですけれども。

蔣介石　うん。

綾織　天上界《てんじょうかい》から指導されている状態なのでしょうか。

釈　光の系譜《けいふ》で……。

蔣介石　これが天上界かどうかは知らんけど、まあ、孫文《そんぶん》はいるよ。

綾織　ああ。

蔣介石　孫文もいるけど、中江兆民《なかえちょうみん》もいるよ。

綾織　なるほど。

●中江兆民（1847 ～ 1901）　思想家、ジャーナリスト、政治家。土佐藩出身。岩倉《いわくら》使節団と共に渡欧し、フランスで学ぶ。ルソーの『社会契約論』の翻訳・解説書として『民約訳解』を刊行。幸福の科学の霊査で、台湾総統・蔡英文《さいえいぶん》として転生《てんしょう》していることが判明した。『緊急・守護霊インタビュー　台湾新総統　蔡英文の未来戦略』（幸福の科学出版刊）参照。

蔣介石　だから、明治以降の日本の勢いのいい人たちもみな、存在はしてるよ。

綾織　なるほど。

蔣介石　そういう人たちとは仲間ではあるよ。明治維新《いしん》で活躍《かつやく》した方や、明治政府を立てた方々は天上界に還《かえ》ってるけど、そりゃあ、仲間だよ。日本語で会話できるんで、とても便利だよ。

綾織　なるほど。では、●後藤新平《ごとうしんぺい》さんとか、新渡戸稲造《にとべいなぞう》さんとか、●児玉源太郎《こだまげんたろう》さんも？

蔣介石　（本霊言《れいげん》収録日の）朝はさあ、商鞅《しょうおう》（の霊）が来て、北条政子《ほうじょうまさこ》を一生懸命《いっしょうけんめい》〝攻撃《こうげき》〟しとったからさ（注。以前の霊査《れいさ》において、大川紫央《しお》総裁補佐《ほさ》の過去世《かこぜ》の

●後藤新平（1857 ～ 1929）　医師・官僚・政治家。児玉源太郎のもとで台湾総督府民政長官を務め、綿密な現地調査に基づく経済計画策定やインフラ整備を行う。関東大震災直後の内閣では、内務大臣兼帝都復興院総裁として、震災復興計画の立案に当たった。

一つは北条政子であることが判明している）。何か気に食わないんだよ。「政党の裏にいる」と思っているんだろうけど。

綾織　では、そういう方々と、台湾霊界で、「台湾の未来」について話をされている状態なんですね。

釈　ずばり、光の系譜を引いておられる……。

蔣介石　と、信じたい。そうだろうと思うけど。

日本での転生《てんしょう》①――江戸《えど》時代

釈　パストライフ、過去世について、思い出されるものはお教えいただけますでしょうか。

●児玉源太郎（1852～1906）　日本の軍人、政治家。第4代台湾総督を務め、後藤新平と共に台湾の統治体制を確立。日露戦争では満州軍総参謀長を務め、旅順《りょじゅん》攻囲戦において功績をあげ、勝利に貢献した。

蔣介石　うーん……。過去世と言えるほどのものが私にあるかどうかは分からないけど。まあ、今回も大したことなかったからねえ。いつも大したことないんだわ。ちょっと残念だなあ。

綾織　日本霊界にもかなり縁《えん》がある感じなんですね。

蔣介石　それは、あることはあるよ。うーん、あるよ。

綾織　日本での生まれ変わりのご経験というのは、私たちが知る範囲《はんい》ではありますでしょうか。

蔣介石　うーん……。日本ではねえ、うーん……。

（約五秒間の沈黙《ちんもく》）

何か、鹿児島《かごしま》に生まれたことがあるような気がするなあ。

綾織　ほお。それは、時代としては古いのでしょうか。

蔣介石　うーん……。何か……、幕府に内緒《ないしょ》で琉球《りゅうきゅう》貿易とかをやってたような時代かなあ。

綾織　江戸《えど》時代なわけですね。

蔣介石　いたような気がする。

釈　薩摩藩《さつまはん》にいたと。

蔣介石　うーん。あんまり感じよくないねえ。幕府に内緒で琉球貿易っていうのは。

綾織　でも、そのおかげで、薩摩藩は財政再建して、強くなりましたね。

蔣介石　強くなったね。うん。

日本での転生《てんしょう》②――鎌倉《かまくら》時代

蔣介石　もうちょっと前だと、源平《げんぺい》の時代にちょっと……。鎌倉《かまくら》時代だな、やっぱり、関係が。

綾織　ほう。鎌倉時代ですか。

蔣介石　鎌倉時代に関係があるような気がするんだけど。うーん……。「源《みなもと》」ではなくって、あなた（釈）も関係あるのかもしれない……（注。以前の霊査で、質問者の釈量子の過去世の一つは源頼朝《みなもとのよりとも》とされている）。源……、（釈に）あんた、口髭《くちひげ》が生《は》えてるのが視《み》えてきた。あれ、いかん、いかんいかん。

釈・及川　（笑）

蔣介石　ああ、いかんいかん。何か〝迷い〟が出てきた。いかんいかんいかんいかん。女性だよね？　女性だから、そんなはずはない。

うーん。北条のほうにいるような……。北条義時《よしとき》かなあ……。

●**北条義時**（1163 ～ 1224）　鎌倉幕府第２代執権（在職 1205 ～ 1224）。北条時政《ときまさ》の子で、姉は北条政子《まさこ》。源頼朝の挙兵に従い、鎌倉幕府成立に貢献。1221 年に起こった承久《じょうきゅう》の乱を、姉・政子と協力して鎮圧し、幕府の優位を確立させた。（上）北条義時夫妻の墓（北条寺、静岡県伊豆《いず》の国《くに》市）。

綾織　北条義時ですか。

蔣介石　北条義時かなあ。北条義時、北条義時……。北条義時だと、そうだなあ、北条政子の時代だな。

綾織　はい。

蔣介石　北条政子は、尼《あま》将軍をやっていて、幕府が、まあ、源家が滅《ほろ》びるときに、北条家が武家社会を守る戦いをやったけれども、それは義時だな。

綾織　執権《しっけん》ですね。

蔣介石　とすると、●後鳥羽《ごとば》上皇がやられた革命（承久《じょうきゅう》の乱）ということになるから。

●**後鳥羽上皇（天皇）**（1180～1239）　第82代天皇（在位1183～1198）。高倉《たかくら》天皇の第4皇子。1221年、皇室の権力回復を目的として、承久の乱を起こすも失敗。隠岐《おき》に流された。

綾織　そうですね。はい。

蔣介石　後鳥羽上皇は、もしかしたら、そっち（幸福の科学）にまだいるかもしれないということになると、反中国のことをしてくれなくなる可能性があるかもしらんなあ。うーん。よく分からんけど……。

綾織　なるほど。では、やはり、「武士の源流に立っていた」ということですね。

蔣介石　要するに、武家政治をつくったから、元寇《げんこう》……。鎌倉だって三代で終わりだからね、源氏《げんじ》は、もう、あれで終わってるから。だから、（その後）北条の時代、執権時代をつくったので、二回の元寇に勝ってるんだと思うんだよな。

そういうところに（北条義時は）位置してたと思うから。その意味では、逆に言えば、中国からの侵略《しんりゃく》と戦う側に生まれたことはあるし。

綾織　うーん、なるほど。

蔣介石　先の薩英戦争のもとになる琉球貿易とか、薩摩を豊かにして、軍事大国化するもとを引いた者でもあるから、そのときは、やっぱり、日本の、植民地からの侵略……、いやいや、ヨーロッパの植民地化政策か。それに対する布石《ふせき》として、薩摩を強くするあれは、やってたとは思うから。

まあ、その意味では、二回（の過去世）は、どっちかといったら、日本の国防側に立っていたことはある。

日本との関係がよかった隋《ずい》の時代での転生《てんしょう》

綾織　中国側にも生まれられたことはあるんですか。

●**薩英戦争**　1863年、薩摩藩と英国東洋艦隊の間で行われた戦争。当時のイギリスを相手に薩摩藩は善戦し、双方に大きな損害が出たため、同年11月に講和を結ぶ。その後、薩英間の関係を深める契機となった。

蔣介石　その前になると、ちょっと怪《あや》しくなってくるわな。その前になってくると、少し怪しくなる。

綾織　ほう、なるほど。

蔣介石　その前になると、中国もいろいろ……。やつらはねえ、統一王朝みたいな言い方をしてるけどさあ、異民族ばっかり入り乱れてて。

綾織　はい、そうですね。半分ぐらいそうです。

蔣介石　だから、外国の占領《せんりょう》は、日本だけじゃないからな。「日本が初めて中国を占領した」みたいな言い方をするけど、そんなことはないからねえ。満州《まんしゅう》族だって、あれは異民族で、（「清《しん》」の時代に）占領されてるし、それ以外にも、「金《きん》」とかさ。

綾織　はい。「元《げん》」もありますし。

蔣介石　もう、いっぱい占領化されまくってるからさあ、漢《かん》民族が支配した時期なんて、もう、ときどきしかないんで。だから、彼らの言うことを丸ごと聞いてはならないんだけど。

うーん、鮮卑《せんぴ》族から起きて、中国に入って国を建てたのは……、うーん……。

綾織　「唐《とう》」も鮮卑系というふうに言われています。

蔣介石　隋《ずい》……、隋、隋、「隋」だ。

綾織　ああ、隋ですか。

蔣介石　うーん、隋・唐がそうだな。

隋の時代は鮮卑族だなあ。あれも漢民族じゃないんだ。鮮卑族で入って、隋を立てた、あのあたり。評判がちょっと悪いやつかもしらんけど。評判はあんまりよくないから、隋は短かった。

綾織　●煬帝《ようだい》とかですか？

蔣介石　いやあ、あんまりはっきり言うことはできないが、天台大師《てんだいだいし》とかが出た時代ではあったかな。

隋から唐、これは、でも、大きな神の計画はあったと思うんだがなあ。隋から唐の流れは。

●煬帝（569～618）　中国、隋《ずい》の第２代皇帝（在位604～618）。初代文帝《ぶんてい》の次男。兄を失脚させ、父を殺害して即位したと言われる。民衆を大量動員して運河の建設をしたり、３度にわたる高句麗《こうくり》遠征を強行したことなどによる不満から反乱が起こり、臣下である宇文化及《うぶんかきゅう》らに殺害された。

それに、このへんは日本との関係もよかった。遣唐使《けんとうし》が出たよね。遣隋使、遣唐使。

綾織　仏教を伝えましたので。

蔣介石　そうそうそうそう。だから、日本との関係は良好な時代ではあったとは思うが。まあ、異民族ではあったけど、中国を取った。取ったと言うか、統一したのは統一したわな。そのへんも過去世はある。まあ、隋は短かったけどね。

綾織　●文帝《ぶんてい》という方もいらっしゃいましたね。

蔣介石　まあ（笑）、何かね、どうかね。まあ、そのへん、どっかそのへんの人だ

●文帝（541 ～ 604）　中国、隋の初代皇帝（在位 581 ～ 604）。北周《ほくしゅう》・静帝《せいてい》の禅譲《ぜんじょう》によって皇帝となる。589 年、陳《ちん》を滅ぼして国家を統一した。

ろうね。

綾織　はい。なるほど。

信仰心《しんこうしん》があり、仏教との縁《えん》は深い

蔣介石　もっと昔まで行くと……、もっと昔まで行くと、何か、アジアのほかの国のような感じがするんで。

綾織　ほお。

蔣介石　もっと昔まで行くと、うーん、うーん……。タイか何か、あのへんで王様でもしてたような感じがするんだがなあ。

綾織　なるほど。では、アジア圏《けん》で、かなりいろいろなところにいらっしゃった。

蔣介石　まあ、アジア圏が強いのは強い。強いなあ。キリスト教と、どっか関係をつくらなきゃいけないな。これ、困ったなあ。キリスト教（笑）。キリスト……、どこかキリスト教はないかなあ。

綾織　まあ、それでいて、いろいろな信仰《しんこう》を大事にするような立場というか、正義の観点もあられるということですね。

蔣介石　あんまり深くはないけど、信仰心はあったかなあ。今のアジア圏では、仏教との縁《えん》は、わりあい深いね。

綾織　なるほど。

蔣介石　仏教の縁。まあ、政治はよかったかどうかは知らんけど、仏教との縁はあったとは思う。

綾織　となりますと、私たちの仲間でもあり、正義の側に立つ方の一人であるという……。

蔣介石　正義……、正義の側……、正義の……。

綾織　確かに、政治家としての、指導者としての結果責任のところについては、少し気になるところはいろいろとあります。

蔣介石　現在の「台湾対中国」っていうことを見りゃあ、何かね、本当に毛沢東《もうたくとう》が建国の父で大きくしたような、「中国のジョージ・ワシントン」みたいに見えなくはないところもあるから、ちょっと悔《くや》しいけどねえ。

綾織　先ほども出ました、台湾を統治した日本の後藤新平さんとか、児玉源太郎さんとかと（霊界では）一緒にいらっしゃるわけですね？

蔣介石　ああ、まあ、話ができる関係。

綾織　話ができる。

蔣介石　うん、うん。

綾織　そして、孫文先生とも話ができる。

蔣介石　うん、できる関係ではある。

綾織　なるほど。

蔣介石　だから、〝半分は日本人〟だな。気持ちはな。

10 中国包囲網《ほういもう》の戦略・戦術

中国の「人権弾圧《だんあつ》」と「経済の歪《ひず》み」を明らかにすべき

蒋介石　要するに、中国の〝異常な発展〟に、みんな目くらましされてしまって分からなくなってるから、「人権弾圧《だんあつ》的にひどいところ」を見せて、あと、「経済の歪《ひず》み」のところを、もうちょっとちゃんと見せて、どんなふうに歪んでるかとかを明らかに……。これは、メディアが入れないからね。

綾織　はい。

蒋介石　これをもうちょっと明らかにしたら、「ええっ!? こんなことが!」っていうようなことがね。

要するに、「臓器売買」もあるけどさあ、もう、人権も目茶苦茶《めちゃくちゃ》で、金に換《か》えられるんなら人殺しもする。他民族とか、そんなのが臓器売買に使われてるからね。こんなのは許しがたいところで。

昔なら、キリスト教国が占領《せんりょう》して、マヤ・アステカを滅《ほろ》ぼしたのと同じ理由により、これはおかしいし。

あとは、その「経済のバブルの部分」が、どこまで判明するかだよな。

綾織 はい。

中国には「電子マネージャック」の秘密プロジェクトがある

蔣介石 だから、日本も今、〝統計詐欺《さぎ》〟が一生懸命《いっしょうけんめい》、言われてるけど（笑）、中国の統計詐欺は、詐欺なんていうもんじゃないから。

●統計詐欺 雇用や給与、労働時間の状況を把握するために厚生労働省が実施している「毎月勤労統計調査」において、本来、500人以上の全事業所に対して行うべきところを、2004年以降、東京都では抽出調査で不正実施されていたことが判明。統計値のずれが発生したことで雇用保険の過少給付等の問題が取り沙汰《ざた》されている。

綾織　そうですね。本格的にやっていますけど。（笑）。

蔣介石　国家的意志で決められている数字だから、「詐欺」じゃありませんけど。国家の意志ですから、詐欺じゃないけど、それが欧米《おうべい》の基準と一緒《いっしょ》かどうかはまた別なんで。

まあ、ある意味での「バブル崩壊《ほうかい》」はあると思うが、その「バブル崩壊」を「バブル崩壊」と見せないでやるテクニックを今、一生懸命、開発してるから、ちょっとそれをやったらいいのと。

あとは、戦争以外の手で、「電子マネージャック」みたいな、そういう強盗《ごうとう》？〝国際的・国家的強盗団〟になろうとしている。そういう秘密ミッションを持っているように見えるので。

綾織　なるほど。

蔣介石　「外国の資金を電子マネーとして抜《ぬ》き取る」っていうやつ？　これに対しては、秘密プロジェクトがあるから。

君たち、気をつけないとさ、電子マネーはいいけど……、いや、一万円札、〝福《ふく》沢《ざわ》諭《ゆ》吉《きち》〟を持っていたら取られないけど、電子マネーだと、「いつの間にかなくなってる」っていうことはあるぞ。気をつけたほうがいいよ。ものすごい数で研究してるから、それを。

及川　仮想通貨などがそれに当たるのでしょうか。

蔣介石　まあ、これについては私も詳《くわ》しくは分からんけども、そうとう研究してるから。日本だけでなくて、ヨーロッパやアメリカのほうも、金をごっそり抜いてしまうっていうの？

釈　華為《ファーウェイ》技術で情報を抜くなどというレベルではなくて、本当に強盗……。

蔣介石　いや、〝強盗団〟だよ。

釈　（笑）

蔣介石　ほんと、「アリババと四十人の盗賊《とうぞく》」の世界が、中国の本当の姿なんだよ。これ、でも、見えてないから、まったく。国家レベルでこれをやってるからねえ、怖《こわ》いよ。

釈　そういう意味では、今日の霊言《れいげん》は、「台湾《たいわん》」と「日本」、また、「アジアの平和」

を考える上で、非常に示唆《しさ》に富む内容であったと思います。台湾と日本のつながりを、いっそう深めなければならないという気持ちが湧《わ》いてきました。

蒋介石　ありがとう。もし、（台湾を）護《まも》ってくれるなら、ありがとう。

「悪魔《あくま》が総力を挙げてつくっている国」に負けてはいけない

釈　幸福実現党の台湾政策はどこよりも〝エッジを効かせた〟ものです。できれば、台湾の国連復帰のほうも訴《うった》えたいですし……。

蒋介石　あのねえ、日本の第一党になるまでは、（それが）言えると思うよ。

釈　いやあ……（苦笑）。

蔣介石　〝自民党〟になった場合は言えないよ。要するに、「（中国との）貿易の額が減る」とか、いろんなことを考え始めるから言えないけど、あのねえ、野党になるうちはまだ、言って言って言いまくってても構わない。エッジが効いてよろしいと思う。うん。

釈　ありがとうございます。

綾織　まあ、ある程度は言い続けると思いますけれども。

昨年、「●毛沢東《もうたくとう》の霊言」が収録されて、中国の「悪の根源」のところが明らかになりました。

蔣介石　暗殺されるべきだったんだよ、彼が、もっと早くに。

●毛沢東の霊言　『毛沢東の霊言』（前掲）参照。

綾織　なるほど。

蔣介石　だから、（中華《ちゅうか》人民共和国を）建国したあと、暗殺されるべきだったんだよ。

だけど、彼が長生きしたために、中国はすごい苦しみを味わって、「悪い思想」、「悪魔《あくま》の思想」に染まって。それで、鄧小平《とうしょうへい》で、経済的にまたバアル信仰《しんこう》みたいなのが入って。

だから、もう悪魔が総力を挙げて、今、つくっている国なんだよ。負けちゃいけないんだよ、君たち。

綾織　はい。

『八紘一宇《はっこういちう》の思想』は、悪い思想ではなかった」

綾織　先ほども、正義を立てるお話、信仰のお話もありましたが、ここで中国に負けないために、私たち日本と台湾は、どのように考えて、立ち向かっていけばよいのかをお教えいただければ幸いです。

蔣介石　うーん、いちおう、（台湾は日本の）植民地になっていた時代もあるけど、それを感謝してくれている政治家たちがまだ残ってる時代だからね。

やっぱり、今こそ何と言うか、そういう植民地だって、今言えば、英国のねえ？　もとはヴィクトリア……、大英帝国《ていこく》の国だったオーストラリアだとかカナダだとかさ、そういう国があるじゃないか。なあ？　まだ女王様はイギリスにいるけどさ。

だから、天皇陛下《へいか》が次の代もご存在され続けるならさ、「かつて日本のために戦った人たちの国を、もう一度、日本の繁栄《はんえい》のなかに入れよう」っていう。

そういう、大東亜共栄圏《だいとうあきょうえいけん》のなかの「八紘一宇《はっこういちう》の思想」っていうのは悪く言われるけど、悪い思想じゃなかったんだよ。

だから、共栄圏を本当につくろうと……、「EUのアジア型」を本当はつくりたかったんであって。日本を盟主《めいしゅ》として、いろんな植民地になっていた国を独立させて、一大交流圏をつくろうとしていた。

これ自体は間違《まちが》っていなかったけど、日本に力がちょっと足りなかったわなあ。

だから、「アメリカの時代」が来ちゃったけど。アメリカは、中国と今、しのぎを削《けず》って、どうなるかは分からないけども。

まあ、インドの力を借りるとか、ロシアの力を借りるのもいいけど、日本自体が、やっぱり、もう一段、強くならなきゃあ、リーダーシップは出せない。日本からつくり上げた思想を、次は、できたら発信してもらいたいね。

強盗《ごうとう》のような国があるなかで、「武器を捨てよ」思想は正しいのか

蔣介石　アメリカでリーマン・ショックが起きて、「やっぱり、マルクスの予言が当たったんだ」「『資本主義には恐慌《きょうこう》が来る』というのが、また当たったんだ」みたいなのが、ちょっと今は支配している部分があるからさあ。

だから、社会主義のほうが、すごく効率がいいように見えるんだよな、何でもやれるし。

安倍《あべ》首相から見ても、そう見えていると思うよ。「沖縄《おきなわ》なんか、日本が中国だったら、簡単にあんなものを取り押《お》さえられるのに」と、たぶん思ってるだろうなあ、きっとなあ。

社会主義の国ではあんなものは許さないから。住民のデモなんか一掃《いっそう》してしまうからね。

綾織　そうですね。

蔣介石　まあ、民主主義っていうのは難しいものだけど。難しいから、君たちもなかなか当選できないで困ってはいるんだけどさあ。だけど、信じるしかないよね。「最後は、正しい者には多くの人が賛同してくれる」ということを信じるしかないね。

綾織　はい。

蔣介石　だけど、軍事のところを単に「悪」とだけ言う思想ね？　まあ、広島・長《なが》崎《さき》の原爆《げんばく》的なものから、「軍事思想は悪です」と言っていたり、持つこと自体、「もう武器を捨てましょう。日本からまず捨てましょう」みたいなことを言う人がいるけど。

いや、それはね、「一国平和思想」で、「一国正義思想」ではいいかもしらんけども、他国が存在して、他国にはいろんなものがあって、そのなかには、やっぱり、泥棒《どろぼう》・強盗《ごうとう》みたいなやつもいることはいるんで。

そうであったら、「世界的正義とは何か」「神の心とは何か」ということを考えれば、「軍事も正義の場合があるんだ」ということは知っといたほうがいいよ。軍事がなかったら戦えないことになるからね。

まあ、それは正義の場合もある。間違いもあるけどね、「正義の場合もあるんだ」ということは知っといたほうがいいんじゃないかな。

だから、日本は今、もうちょっと、それは……、いやあ、安倍さんどころか、もうちょっと吹《ふ》かせて頑張《がんば》らないと。

お金、余ってるんだろう？　もうちょっと、やっぱり、ちゃんとやるべきだよなあ。

経済をもうちょっと発展もさせなきゃいけないけれども、同時に、必要なものはつくらなきゃいけないし、あるいは、友好国に対しての長期投資と、相互《そうご》の経済交流が大きくなるような関係をもっとつくっていかないと。彼らも発展させて、日本との貿易額を増やすようにしていかないと。中国に頼《たよ》りすぎていると、これ、敵に回ったときに、あっという間に日本経済に対する攻撃《こうげき》にもなりかねないからね。

それと、「航空技術」「宇宙技術」のところで後《おく》れを取っているのは、日本としては情けないことだ。ゼロ戦を発明した国であるなら、やっぱり、もうちょっとこれは、先へ行かないといけないんじゃないかね。

台湾《たいわん》を国家として認める動きを

蔣介石　中国の問題は、本当は、なかにメディアが入って全部開けて見せれば、そうとう瓦解《がかい》していくものがあるから。いずれそうなってくるとは思うけどね。

だから、なかでスマホで撮《と》って、その情報を世界に流せないんだよ。流したら、そいつは捕《つか》まって、もう刑務所《けいむしょ》から出られなくなるからね。

「恐怖《きょうふ》政治」なんだよ、一種のね。だから、長く続いてはいけないと思うから、（中国と）反対の考え方は撃《う》ち続けなきゃいけないし。

君たちの本だって、映画だって、講演会の内容だって、少なくとも、ちょっとずつはいろんなところから（中国国内に）入ってきて回されているから、地下でね。回されてはいるからね。

今のキリスト教、バチカンも力がないから。とてもじゃないけど、あれでは台湾《たいわん》でも切り捨てかねない感じなんで。中国の本土のキリスト教徒たちが弾圧されるぐらいなら、〝台湾を捨てそう〟な感じなんで、頼りにならないから。

君たちの宗教は、もうちょっと大きくなってほしいなあ。もうちょっと力があってほしいなあ。

だから、これは大川総裁が言ってはいるけど、弟子《でし》たちのほうは〝ゆっくり行っている〟んだろうと思うけど、いやあ、これはもっともっと影響力《えいきょうりょく》がないといけないね。

「悪魔のほうが成長力が大きい」っていうのは、やっぱり、よくないよ。それは、悪魔の〝悪いウイルス〟も流行《はや》るけどさ、確かに。コレラだって、そういうものは流行るけどさ、エイズだって流行るけども、「正しいものも流行らないといけない」んじゃないかなあ。

綾織　ありがとうございます。

今年（二〇一九年）は、「中国の拡張主義路線を変えさせる年」とも言われていますので、政党と宗教と両輪で頑張っていきたいと思います。

蔣介石　いやあ、君らの言論力がなあ……。

まあ、数は撃っている。数は撃ってることは認めるけど、〝自動小銃《しょうじゅう》〟みたいな撃ち方をしてるから（笑）。

やっぱり、戦艦大和《せんかんやまと》の〝長距離砲《ちょうきょりほう》〟か何かぐらいは持ちたいもんだなあ。もうちょっとドーンと撃ち込《こ》みたいなあ。

釈　台湾を国家として認めていけるような動きをつくっていきたいと思います。

蔣介石　いいんじゃない？　それでも党の特色は出せると思うからさ。

釈　ありがとうございます。

蔣介石　本当に「自由」と「民主主義」を護っているのは幸福実現党で、自民党のほうは〝及《およ》び腰《ごし》〟であるからねえ。

やっぱり、あの中国のほんとの実態を開けて見せたいね。台湾が大きくならないのは悔《くや》しい。

綾織　言論のほうでも、しっかり頑張ってまいります。ありがとうございます。言論と活動、国際包囲網《ほういもう》で、世界をよい方向に導け

蔣介石　まあ、そういうことだから。（今まで霊言で）一回も出てこなくて申し訳ないが。

綾織　いえいえ、とんでもないことです。

蔣介石　いやあ、光の天使がなんでこんな弱いんだ！　もう、残念だなあ。

綾織　ぜひ、これからもご指導いただければ、たいへん力強くなります。

蔣介石　うーん。（釈に）もう、君なんかも北京《ペキン》を占領に行ったらどうだね？

釈　（笑）

蔣介石　ええ？　北京で戦車の上に乗って、何か街宣《がいせん》演説をやって、暗殺でもされて……。

釈　ちょっと単純なので、それに乗っていいのかどうかは、後《のち》ほど検討させていただきます。

蔣介石　アハハハハハ（笑）。

まあ、もう一段の、何かね、プッシュが必要だなあ。力が欲《ほ》しいねえ。考え方を変えないといけないかもね。

だから、もう一段、命を惜《お》しまずやれるような人が出てこないと。うーん、何か、

「職業として、生業《なりわい》を続けること」のほうに重点が移ってきているように見えてしかたがないなあ。

釈　今日は、孫文《そんぶん》先生の革命の精神を取り戻《もど》さないといけないということを学ばせていただきました。

蔣介石　うん。そうだよ。

君たちねえ、もう〝ゼロ戦の特攻〟ばっかりやってるけどさあ、撃ち落とされてばっかりじゃ、これ、意味ないからさあ。やっぱり、「革命」は「革命」、いちおう引っ繰《く》り返さないと、革命にはならないからね。多少の犠牲《ぎせい》はしかたがないけど、いつかは成就《じょうじゅ》しなきゃいけないと思うよ。

まあ、心細いが、君らに頼るしか、われわれ〝台湾族〟が生き残る方法は、今のところないかもしれないから。「言論」と「地上での活動」等含《ふく》めて、あるいは

「国際包囲網《ほういもう》」とかを含めて、何とかいい方向に世界を導いてくれたまえ。
今、「悪」だと言われているのに、そう見えていないものは、いずれ正体は露見《ろけん》すると思う。
だから、正体が露見するまでは強いんだよ、悪魔は強いからね。いずれ露見するから。実態が分かるから。それが世界中に広がっていいものかどうかが分かったら、メルケルだって中国支持はしないと思うよ。

綾織　はい。『毛沢東の霊言』（幸福の科学出版刊）と併《あわ》せて、世界に広げてまいります。

蔣介石　毛沢東に負けてたまるか。リベンジだ。するぞ。

綾織　共に頑張ってまいりましょう。

蔣介石　うん。

綾織　ありがとうございます。

蔣介石　はい。

11　十周年になる幸福実現党、それは我欲《がよく》のためではない

国是《こくぜ》、国論、マスコミを変えつつある幸福実現党

大川隆法　（手を二回叩《たた》く）まあ、口だけは立っております。口だけは立っているけど、腰《こし》は砕《くだ》ける人なのかもしれません。

綾織　うーん。

大川隆法　口は立っておりますね。まあ、影響《えいきょう》は、多少はあるとは思います。幸福実現党が、なかなか「蜂《はち》の一刺《ひとさ》し」ぐらいしかできないのが残念ではありますが、それでも、安倍《あべ》首相がやっていることは、（幸福実現党が国政選挙に）通っ

ている程度のものにはなっているのでしょう。それに、幸福の科学が発信しなかったら、トランプさんのことも、日本のマスコミはもっと〝狂人《きょうじん》〟扱《あつか》いをしていると思いますが、日本のマスコミは少し醒《さ》めていますよね。トランプを狂人とは思っていません。それは、当会が言っているからでしょう。

また、安倍首相は、多少、軍国主義的な動きもしているけれども、当会の意見は、もっと強硬《きょうこう》なことも言っているから、「それが神の考えなのかな」と、心のなかでは思っているところもあるのだろうと思います。

したがって、国是《こくぜ》、国論は、少しずつ変えているとは思います。（威力《いりょく》としては）〝銃弾《じゅうだん》〟ぐらいにしかすぎないのかもしれないけれども、〝二千五百発〟も本を出し、講演も今年は通算三千回ぐらいまで行きそうです。

ここは、弟子《でし》の頑張《がんば》りが要《い》ると思うのですが、もう一段、広げる力があれば、いずれ、それは共産主義よりも広がらなければいけないと、信じたいところです。

綾織　はい。

大川隆法　まあ、（李登輝《りとうき》さんのように）九十六歳《さい》まで頑張っている人もいるから、もう一世代頑張れば、（幸福の科学は）大きくなっているかもしれません。

先のことは分かりません。明治維新《いしん》だって、安政《あんせい》の大獄《たいごく》から八年後に起きていますす。だから、いつターニングポイントが来るかは分からないので、やはり、諦《あきら》めずに押《お》していくことが大事だし、仲間を増やしていくこと、様子見をしている人たちを仲間にしていくことが大事だし、信念を貫《つらぬ》くことが大事です。

幸福実現党も、今年で十周年になりますが、十年間（国政選挙では）落ち続けてもまだやっているというのは、さすがに、我欲《がよく》のためにやっているのでも、自分たちの利益のためにやっているのでもないことぐらいは、分かってくると思います。

綾織　そうですね。

大川隆法　明治維新で斬《き》り死にした多くの人たちが浮《う》かばれるのと同じようなことが、やがて出てくるのではないかと思うので、もう一頑張りして、突破《とっぱ》したいものです。

釈　ありがとうございます。

真意が分かれば、応援《おうえん》してくれる人はいる

大川隆法　本当のところを理解してくれたら、応援《おうえん》してくれる人はいると思うのです。

綾織　そうですね。今、増えていると思います。

大川隆法　ただ、「新宗教だから」とか、「宗教と政治は分かれるべきだから」とか、そういう考えで距離《きょり》を取っている人は多いのでしょうが、本当の真意が分かれば、応援してくれる人は、実際はいると思うのです。

やはり、そういう人たちを啓蒙《けいもう》することに努力することですね。

まあ、頑張りましょう。

釈　はい。

大川隆法　もし、神社神道《しんとう》が全部来たら、何千万人もの応援団が来ることになりますからね。それも、ありえるかもしれませんから。まあ、頑張りましょう。

綾織　はい。頑張ってまいります。

大川隆法　はい。

質問者一同　ありがとうございます。

あとがき

孫文《そんぶん》や蔣介石に、今一歩、力が足りなかったのは残念である。しかし、どう政治的に分析しても、今の中国が、「秘密警察」「強制収容所」「粛清《しゅくせい》」の三拍子《さんびょうし》そろった「全体主義国家」であることは否《いな》めない。しかも他国侵略を夢みる覇権《はけん》主義国家であることも、まぎれもない事実である。

日本は経済的利益のみにもとづいて未来を設計してはならない。アジアのリーダーとしての気概《きがい》と誇りが必要だ。

危機は朝鮮半島にだけあるのではない。台湾にも危機は迫っている。かつて日本軍として戦ってくれた人々を、何度も見捨てる日本であってはならない。

二〇一九年　二月十六日

幸福《こうふく》の科学《かがく》グループ創始者兼総裁《そうししゃけんそうさい》　大川隆法《おおかわりゅうほう》

『「中華民国」初代総統 蔣介石の霊言』関連書籍

『毛沢東の霊言』（大川隆法 著　幸福の科学出版刊）
『守護霊インタビュー　習近平 世界支配へのシナリオ』（同右）
『習近平守護霊　ウイグル弾圧を語る』（同右）
『マルクス・毛沢東のスピリチュアル・メッセージ』（同右）
『アダム・スミス霊言による「新・国富論」
　――同時収録　鄧小平の霊言　改革開放の真実――』（同右）
『周恩来の予言』（同右）
『孫文のスピリチュアル・メッセージ』（同右）
『日本よ、国家たれ！　元台湾総統 李登輝守護霊 魂のメッセージ』（同右）
『緊急・守護霊インタビュー　台湾新総統　蔡英文の未来戦略』（同右）
『世界皇帝をめざす男――習近平の本心に迫る――』（大川隆法 著　幸福実現党刊）
『中国と習近平に未来はあるか』（同右）

「中華民国《ちゅうかみんこく》」初代総統《しょだいそうとう》 蔣介石《しょうかいせき》の霊言《れいげん》

――日本とアジアの平和を守る国家戦略――

2019年2月23日　初版第1刷

著　者　　大《おお》 川《かわ》 隆《りゅう》 法《ほう》

発行所　　幸福の科学出版株式会社

〒107-0052 東京都港区赤坂2丁目10番14号

TEL(03)5573-7700

https://www.irhpress.co.jp/

印刷・製本　株式会社 堀内印刷所

落丁・乱丁本はおとりかえいたします

ISBN978-4-8233-0061-5 C0030

大川隆法 霊言シリーズ・台湾・中国・朝鮮半島の未来

孫文の スピリチュアル・メッセージ

革命の父が語る中国民主化の理想

中国や台湾で「国父」として尊敬される孫文が、天上界から、中国の内部情報を分析するとともに、中国のあるべき姿について語る。

1,300円

日本よ、国家たれ! 元台湾総統 李登輝守護霊魂のメッセージ

「歴史の生き証人」李登輝・元台湾総統の守護霊が、「日本統治時代の真実」と「先の大戦の真相」を激白! その熱きメッセージをすべての日本人に。

1,400円

緊急・守護霊インタビュー 台湾新総統 蔡英文の未来戦略

台湾新総統・蔡英文氏の守護霊が、アジアの平和と安定のために必要な「未来構想」を語る。アメリカが取るべき進路、日本が打つべき一手とは?

1,400円

習近平守護霊 ウイグル弾圧を語る

ウイグル〝強制収容所〟の実態、チャイナ・マネーによる世界支配戦略、宇宙進出の野望——。暴走する独裁国家の狙いを読み、人権と信仰を守るための一書。

1,400円

※表示価格は本体価格(税別)です。

大川隆法 霊言シリーズ・台湾・中国・朝鮮半島の未来

毛沢東の霊言

中国覇権主義、暗黒の原点を探る

言論統制、覇権拡大、人民虐殺――、中国共産主義の根幹に隠された恐るべき真実とは。中国建国の父・毛沢東の虚像を打ち砕く必読の一書。

1,400円

秦の始皇帝の霊言 2100 中国・世界帝国への戦略

ヨーロッパ、中東、インド、ロシアも支配下に!? 緊迫する北朝鮮危機のなか、次の覇権国家を目指す中国の野望に、世界はどう立ち向かうべきか。

1,400円

北朝鮮の実質ナンバー2 金《キム》与《ヨ》正《ジョン》の実像 守護霊インタビュー

米朝会談は成功か、失敗か？ 北朝鮮の実質ナンバー２である金与正氏守護霊が、世界中のメディアが読み切れない、その衝撃の舞台裏を率直に語った。

1,400円

文在寅守護霊 vs. 金正恩守護霊

南北対話の本心を読む

南北首脳会談で北朝鮮は非核化されるのか？ 南北統一、対日米戦略など、宥和路線で世界を欺く両首脳の本心とは。外交戦略を見直すための警鐘の一冊。

1,400円

幸福の科学出版

大川隆法 霊言シリーズ・真実の歴史観を求めて

原爆投下は人類への罪か？

公開霊言 トルーマン
＆Ｆ・ルーズベルトの新証言

なぜ、終戦間際に、アメリカは日本に２度も原爆を落としたのか？「憲法改正」を語る上で避けては通れない難題に「公開霊言」が挑む。【幸福実現党刊】

1,400 円

赤い皇帝
スターリンの霊言

旧ソ連の独裁者・スターリンは、戦中・戦後、そして現代の米露日中をどう見ているのか。共産主義の実態に迫り、戦勝国の「正義」を糺《ただ》す一冊。

1,400 円

されど、大東亜戦争の真実
インド・パール判事の霊言

自虐史観の根源にある「東京裁判」の真相は何だったのか。戦後70年、戦勝国体制の欺瞞を暴き、日本が国家の気概を取り戻すための新証言。

1,400 円

南京大虐殺と
従軍慰安婦は本当か

南京攻略の司令官・松井石《いわ》根《ね》大将の霊言

自己卑下を続ける戦後日本人よ、武士道精神を忘れるなかれ！　南京攻略の司令官・松井大将自らが語る真実の歴史と、日本人へのメッセージ。

1,400 円

※表示価格は本体価格（税別）です。

大川隆法ベストセラーズ・世界の未来を考える

Love for the Future

未来への愛

英語説法
英日対訳

過去の呪縛からドイツを解き放ち、中国の野望と第三次世界大戦を阻止するために――。ドイツ・ベルリンで開催された講演を、英日対訳で書籍化！

1,500円

日露平和条約がつくる新・世界秩序 プーチン大統領守護霊 緊急メッセージ

なぜ、プーチンは条約締結を提言したのか。中国や北朝鮮の核の脅威、北方領土問題の解決と条件、日本の選ぶべき未来とは――。【幸福実現党刊】

1,400円

スピリチュアル・インタビュー メルケル首相の理想と課題

英語霊言
日本語訳付き

移民政策や緊縮財政など、ＥＵの難局に直面するドイツ首相の本心に迫る。トランプや習近平、プーチンに対する本音、そして、衝撃の過去世が明らかに。

1,400円

守護霊インタビュー トランプ大統領の決意

英語霊言
日本語訳付き

北朝鮮問題の結末とその先のシナリオ

"宥和《ゆうわ》ムード" で終わった南北会談。トランプ大統領は米朝会談を控え、いかなるビジョンを描くのか。今後の対北朝鮮戦略のトップシークレットに迫る。

1,400円

幸福の科学出版

大川隆法シリーズ・**最新刊**

ジョン・レノンの霊言

天国から語る「音楽」「愛と平和」「魂の秘密」

ロック、ラブ＆ピース、キリスト発言、
暗殺の真相、現代の世界情勢について。
ビートルズとジョンを愛したすべての
人へ、衝撃の真実をここに。

1,400円

ヘルメス神と空海と魔法

霊界の秘儀と奇跡のメカニズム

ファンタジーを超えた現実としての
“魔法”とは――。西洋文明の源流・ヘ
ルメス神と、日本密教の巨人・空海が、
「魔法の秘密」を解き明かす。

1,500円

天照大神《あまてらすおおみかみ》の「信仰継承」霊言

「信仰の優位」の確立をめざして

法を曲げない素直さと謙虚さ、そして
調和の心――。幸福の科学二代目に求
められる条件とは何か。「後継者問題」
に秘められた深い神意が明かされる。

1,500円

※表示価格は本体価格（税別）です。

大川隆法「法シリーズ」・**最新刊**

青銅の法

法シリーズ
第25作

人類のルーツに目覚め、愛に生きる

限りある人生のなかで、
永遠の真理をつかむ──。
地球の起源と未来、宇宙の神秘、
そして「愛」の持つ力を明かした、
待望の法シリーズ最新刊。

第１章　情熱の高め方
──無私のリーダーシップを目指す生き方

第２章　自己犠牲の精神
──世のため人のために尽くす生き方

第３章　青銅の扉
──現代の国際社会で求められる信仰者の生き方

第４章　宇宙時代の幕開け
──自由、民主、信仰を広げるミッションに生きる

第５章　愛を広げる力
──あなたを突き動かす「神の愛」のエネルギー

2,000円（税別）

映画「僕の彼女は魔法使い」主題歌　*Hold On*《ホールド・オン》

CD

定価 2,000円（税込）

CD＋DVD

定価 5,000円（税込）

作詞・作曲 大川隆法
歌 大川咲也加
編曲 大川咲也加　水澤有一

全国のCDショップ※、
Amazonにてお求め
いただけます。

※一部お取扱いのない店舗もございます。

幸福の科学出版

ある日、突然目の前に現れたキミは、
地上に舞い降りた〝最後の白魔女〟だった——。
愛の魔法が、世界を包む。
僕の彼女は
魔法使い
製作総指揮・原案／大川隆法
千眼美子
梅崎快人　春宮みずき　佐伯日菜子　高杉亘　不破万作
監督／清田英樹　脚本／チーム・アリプロ　音楽／水澤有一　製作／幸福の科学出版　製作協力／ARI Production　ニュースター・プロダクション
制作プロダクション／ジャンゴフィルム　配給／日活　配給協力／東京テアトル
https://bokukano-maho.jp
©2019 IRH Press
NIKKATSU
G
2019年2月22日(FRI) ロードショー

世界から
希望が
消えたなら。
製作総指揮・原案／大川隆法
竹内久顕　千眼美子　さとう珠緒　芦川よしみ　石橋保　木下渓
監督／赤羽博　音楽／水澤有一　脚本／大川咲也加　製作／幸福の科学出版　製作協力／ARI Production　ニュースター・プロダクション
制作プロダクション／ジャンゴフィルム　配給／日活　配給協力／東京テアトル　©2019 IRH Press
2019年秋ロードショー

幸福の科学グループのご案内

宗教、教育、政治、出版などの活動を通じて、地球的ユートピアの実現を目指しています。

幸福の科学

一九八六年に立宗。信仰の対象は、地球系霊団の最高大霊、主エル・カンターレ。世界百カ国以上の国々に信者を持ち、全人類救済という尊い使命のもと、信者は、「愛」と「悟り」と「ユートピア建設」の教えの実践、伝道に励んでいます。

（二〇一九年二月現在）

愛

幸福の科学の「愛」とは、与える愛です。これは、仏教の慈悲《じひ》や布施《ふせ》の精神と同じことです。信者は、仏法真理をお伝えすることを通して、多くの方に幸福な人生を送っていただくための活動に励んでいます。

悟り

「悟り」とは、自らが仏の子であることを知るということです。教学《きょうがく》や精神統一によって心を磨き、智慧《ちえ》を得て悩みを解決すると共に、天使・菩薩《ぼさつ》の境地を目指し、より多くの人を救える力を身につけていきます。

ユートピア建設

私たち人間は、地上に理想世界を建設するという尊い使命を持って生まれてきています。社会の悪を押しとどめ、善を推し進めるために、信者はさまざまな活動に積極的に参加しています。

国内外の世界で貧困や災害、心の病で苦しんでいる人々に対しては、現地メンバーや支援団体と連携して、物心両面にわたり、あらゆる手段で手を差し伸べています。

年間約２万人の自殺者を減らすため、全国各地で街頭キャンペーンを展開しています。

公式サイト **www.withyou-hs.net**

ヘレン・ケラーを理想として活動する、ハンディキャップを持つ方とボランティアの会です。視聴覚障害者、肢体不自由な方々に仏法真理を学んでいただくための、さまざまなサポートをしています。

公式サイト **www.helen-hs.net**

入会のご案内

幸福の科学では、大川隆法総裁が説く仏法真理《ぶっぽうしんり》をもとに、「どうすれば幸福になれるのか、また、他の人を幸福にできるのか」を学び、実践しています。

入会

仏法真理を学んでみたい方へ

大川隆法総裁の教えを信じ、学ぼうとする方なら、どなたでも入会できます。入会された方には、『入会版「正心法語《しょうしんほうご》」』が授与されます。

ネット入会　入会ご希望の方はネットからも入会できます。
happy-science.jp/joinus

三帰《さんき》誓願《せいがん》

信仰をさらに深めたい方へ

仏弟子としてさらに信仰を深めたい方は、仏《ぶっ》・法《ぽう》・僧《そう》の三宝《さんぼう》への帰依を誓う「三帰誓願式」を受けることができます。三帰誓願者には、『仏説・正心法語』『祈願文《きがんもん》①』『祈願文②』『エル・カンターレへの祈り』が授与されます。

幸福の科学 サービスセンター
TEL 03-5793-1727
受付時間／
火～金：10～20時
土・日祝：10～18時
（月曜を除く）

幸福の科学 公式サイト
happy-science.jp

ハッピー・サイエンス・ユニバーシティ

Happy Science University

ハッピー・サイエンス・ユニバーシティとは

ハッピー・サイエンス・ユニバーシティ（HSU）は、大川隆法総裁が設立された「現代の松下村塾」であり、「日本発の本格私学」です。
建学の精神として「幸福の探究と新文明の創造」を掲げ、チャレンジ精神にあふれ、新時代を切り拓く人材の輩出を目指します。

人間幸福学部　経営成功学部　未来産業学部

HSU長生キャンパス TEL **0475-32-7770**
〒299-4325　千葉県長生郡長生村一松丙 4427-1

未来創造学部

HSU未来創造・東京キャンパス
TEL **03-3699-7707**
〒136-0076　東京都江東区南砂2-6-5

公式サイト **happy-science.university**

学校法人 幸福の科学学園

学校法人　幸福の科学学園は、幸福の科学の教育理念のもとにつくられた教育機関です。人間にとって最も大切な宗教教育の導入を通じて精神性を高めながら、ユートピア建設に貢献する人材輩出を目指しています。

幸福の科学学園

中学校・高等学校（那須本校）
2010年4月開校・栃木県那須郡（男女共学・全寮制）
TEL **0287-75-7777** 公式サイト **happy-science.ac.jp**

関西中学校・高等学校（関西校）
2013年4月開校・滋賀県大津市（男女共学・寮及び通学）
TEL **077-573-7774** 公式サイト **kansai.happy-science.ac.jp**

仏法真理塾「サクセスNo.1」

全国に本校・拠点・支部校を展開する、幸福の科学による信仰教育の機関です。小学生・中学生・高校生を対象に、信仰教育・徳育にウエイトを置きつつ、将来、社会人として活躍するための学力養成にも力を注いでいます。

TEL 03-5750-0747（東京本校）

エンゼルプランV　TEL 03-5750-0757

幼少時からの心の教育を大切にして、信仰をベースにした幼児教育を行っています。

不登校児支援スクール「ネバー・マインド」　TEL 03-5750-1741

心の面からのアプローチを重視して、不登校の子供たちを支援しています。

ユー・アー・エンゼル！（あなたは天使！）運動

一般社団法人 ユー・アー・エンゼル　TEL 03-6426-7797

障害児の不安や悩みに取り組み、ご両親を励まし、勇気づける、
障害児支援のボランティア運動を展開しています。

NPO活動支援

いじめから子供を守ろう ネットワーク

学校からのいじめ追放を目指し、さまざまな社会提言をしています。また、各地でのシンポジウムや学校への啓発ポスター掲示等に取り組む一般財団法人「いじめから子供を守ろうネットワーク」を支援しています。

公式サイト mamoro.org　ブログ blog.mamoro.org

相談窓口 TEL.03-5544-8989

百歳まで生きる会

「百歳まで生きる会」は、生涯現役人生を掲げ、友達づくり、生きがいづくりをめざしている幸福の科学のシニア信者の集まりです。

シニア・プラン21

生涯反省で人生を再生・新生し、希望に満ちた生涯現役人生を生きる仏法真理道場です。定期的に開催される研修には、年齢を問わず、多くの方が参加しています。全国168カ所、海外12カ所で開校中。

【東京校】TEL 03-6384-0778　FAX 03-6384-0779

メール senior-plan@kofuku-no-kagaku.or.jp

幸福実現党

内憂外患《ないゆうがいかん》の国難に立ち向かうべく、2009年5月に幸福実現党を立党しました。創立者である大川隆法党総裁の精神的指導のもと、宗教だけでは解決できない問題に取り組み、幸福を具体化するための力になっています。

幸福実現党 釈量子サイト **shaku-ryoko.net**

Twitter **釈量子@shakuryokoで検索**

党の機関紙
「幸福実現NEWS」

幸福実現党　党員募集中

あなたも幸福を実現する政治に参画しませんか。

○幸福実現党の理念と綱領、政策に賛同する18歳以上の方なら、どなたでも参加いただけます。

○党費:正党員（年額5千円［学生 年額2千円］）、特別党員（年額10万円以上）、家族党員（年額2千円）

○党員資格は党費を入金された日から1年間です。

○正党員、特別党員の皆様には機関紙「幸福実現NEWS（党員版）」が送付されます。

＊申込書は、下記、幸福実現党公式サイトでダウンロードできます。

住所:〒107-0052　東京都港区赤坂2-10-8 6階 幸福実現党本部

TEL **03-6441-0754**　FAX **03-6441-0764**

公式サイト **hr-party.jp**　若者向け政治サイト **truthyouth.jp**

出版 メディア 芸能文化 幸福の科学グループ

幸福の科学出版

大川隆法総裁の仏法真理の書を中心に、ビジネス、自己啓発、小説など、さまざまなジャンルの書籍・雑誌を出版しています。他にも、映画事業、文学・学術発展のための振興事業、テレビ・ラジオ番組の提供など、幸福の科学文化を広げる事業を行っています。

アー・ユー・ハッピー?
are-you-happy.com

ザ・リバティ
the-liberty.com

幸福の科学出版
TEL **03-5573-7700**
公式サイト **irhpress.co.jp**

THE FACT

ザ・ファクト
マスコミが報道しない
「事実」を世界に伝える
ネット・オピニオン番組

YouTubeにて
随時好評
配信中！

ザ・ファクト 検索

NEW STAR PRODUCTION

ニュースター・プロダクション

「新時代の美」を創造する芸能プロダクションです。多くの方々に良き感化を与えられるような魅力あふれるタレントを世に送り出すべく、日々、活動しています。 公式サイト **newstarpro.co.jp**

ARI Production

ARI《アリ》 Production《プロダクション》

タレント一人ひとりの個性や魅力を引き出し、「新時代を創造するエンターテインメント」をコンセプトに、世の中に精神的価値のある作品を提供していく芸能プロダクションです。 公式サイト **aripro.co.jp**

大川隆法　講演会のご案内

大川隆法総裁の講演会が全国各地で開催されています。講演のなかでは、毎回、「世界教師」としての立場から、幸福な人生を生きるための心の教えをはじめ、世界各地で起きている宗教対立、紛争、国際政治や経済といった時事問題に対する指針など、日本と世界がさらなる繁栄の未来を実現するための道筋が示されています。

2018年12月11日 幕張メッセ「奇跡を起こす力」

2018年7月4日 さいたまスーパーアリーナ「宇宙時代の幕開け」

2017年8月2日 東京ドーム「人類の選択」

2018年10月7日 ザ・リッツカールトン ベルリン（ドイツ）「Love for the Future」

2019年1月26日 広島県立文化芸術ホール「未来への希望」

講演会には、どなたでもご参加いただけます。
最新の講演会の開催情報はこちらへ。 ⟹ 大川隆法総裁公式サイト https://ryuho-okawa.org